Letras de España y de América

Ildefonso Manuel Gil

AMOR Y MUERTE
Y OTRAS HISTORIAS

Edición,
Introducción y notas
por
Rafael Millán

THE CENTER FOR CURRICULUM DEVELOPMENT, INC.
PHILADELPHIA

2570

Photographs and design by RAFAEL MILLÁN

Copyright © 1971 by The Center for Curriculum Development, Inc.
First Edition

Published in Philadelphia by The Center for Curriculum Development, Inc.
and simultaneously in Canada by
Marcel Didier (Canada) Ltée.
ISNB–0–8384–2570–4

Manufactured in the United States of America by Eastern Lithographing Corp.

ÍNDICE

Nota biográfica

Ildefonso Manuel Gil nació en Paniza (Zaragoza) en 1912 y publicó su primer libro de poemas, *Borradores*, en 1931. Tres años después, con su amigo de siempre, Ricardo Gullón, funda la revista *Literatura* y las ediciones de PEN, en las que se publica ese mismo año, 1934, su segundo libro poético: *La voz cálida*. La guerra civil española le impuso un paréntesis de silencio, que no es del caso detallar aquí ahora y que duró hasta 1943, año en que reanudó sus publicaciones.

Desde esa fecha han visto la luz libros de poesía, novelas, cuentos, ensayos, trabajos de crítica literaria, traducciones, etc. Poemas suyos figuran en numerosas antologías; algunos, así como cuentos y ensayos, han sido publicados vertidos a otras lenguas.

Licenciado en Derecho por la Universidad Central (Madrid) y Doctor en Filosofía y Letras por la Universidad de Zaragoza, reside en los Estados Unidos y enseña Literatura Española en The Brooklyn College of The City University of New York y en el Graduate Center de la misma universidad.

Colabora con frecuencia en numerosas revistas españolas y extranjeras —*Revista de Occidente, Cuadernos Hispanoamericanos, Atlas, La Torre, Ínsula,* etc.— y ha dado conferencias y cursos en diversas universidades españolas y americanas.

Entre sus libros de poemas figuran *Poemas de dolor antiguo* (1945), *Homenaje a Goya* (1946), *El corazón en los labios* (1947), *El tiempo recobrado* (1950), *Poesía* (Antología seleccionada por Francisco Ynduráin y Luis Horno, en homenaje al autor —1953), *El incurable* (1957) y *Los días del hombre* (1968).

Ha publicado las siguientes novelas: *La moneda en el suelo* (Premio Internacional de Primera Novela 1950, aparecida

en 1951), traducida al portugués y al francés; *Juan Pedro,
el dallador* (1953), que ha sido llevada a la pantalla cinemato-
gráfica recientemente, y *Pueblonuevo* (1960).

Amor y muerte y otras historias es la primera colección de sus
cuentos que se publica.

Introducción

ILDEFONSO MANUEL GIL, poeta ante todo, hace con frecuencia incursiones en otros géneros literarios —el cuento, la novela, el ensayo...— y regresa siempre de esas incursiones sano y salvo al verso, no sin dejar su huella en el territorio en que efectuó la correría; lo que no es frecuente. Pero en él, gracias sean dadas a quien corresponda, se da la rara conjunción de un espíritu analítico con una sensibilidad poética de primer orden; conjunción que se manifiesta claramente en la colección de cuentos —o "historias"— que componen el presente volumen.

Antes de decir nada sobre las narraciones que seguirán, debo contar que mi contacto inicial con su poesía data de hace bastantes años y a través de un solo poema, un soneto a su primer hijo —entonces recién nacido y hoy ya bigotudo literato— que me produjo imborrable impresión; este:

Árbol de sangre por mi amor plantado
en el áspero suelo de la vida,
yo te pido perdón por esta herida
que es el vivir, abierta en tu costado.

Hazme posible, tiempo rescatado,
la presencia del nombre sostenida,
cifra de mi destino, conseguida
la unidad del mañana y del pasado.

Vivir quiero de modo perdurable,
ser encina de amor en ti procuro
haciendo mi raíz inarrancable.

¡Gracias a ti mi nombre va seguro,
almirante de fe, sobre el mudable
mar del tiempo a las playas del futuro!

De antología, usando la palabra con sentido encomiástico, y reproducido en muchas; pero, aparte de su perfección formal —que convierte a muchos de ellos en mero ejercicio en frío con palabras—, este soneto de Ildefonso Manuel Gil nos emociona porque, y en ello radica más que en la técnica y el artificio su mérito, es un poema honestamente concebido por un hombre decente, íntegro. Y hay un reflejo de esa hombría en su obra poética, en los temas por él abordados en verso; y también en su prosa.

Este libro que tienes entre manos, lector, cuyo título parece limitarlo temáticamente, abarca un pequeño gran mundo de problemas arrancados de la realidad, como reales son los personajes que en sus páginas viven, aman y mueren: los jóvenes suicidas —Angelines y Juan— camino de un final imprevisto aun por ellos mismos; don Edelmiro Perecín López, ya presunto triunfador y, sin embargo...; el hombre que espera y teme, simplemente porque ha visto un "fatídico" número 13; el hombre en la *luncheonette*, aislado, asido a palabras que no entiende, inmerso en una situación tan absurda que se le aparece "como una genial visión de toda la vida humana"; la joven blanca y el joven negro (difícilmente se podría rendir mejor tributo a la memoria de Martin Luther King); las señoras Knowles, Vencinguerra, Quarteruccini, Marshall..., las viejas, las eternas viejas que en el mundo han sido y serán, con sus supersticiones, sus odios, sus peculiaridades; doña Esperanza Martínez de Achupande, instalada en el odio a su marido y con un vulgar adulterio como único secreto; el preso que recuerda un adiós definitivo que le sonó a promesa; y, por último, los asesinos que van al Tedeum con su pesada culpa a cuestas, temerosos de que una justicia verdadera, a poco o a mucho tardar, les va a caer encima inexorablemente. Y no importa que estos seres —porque *son* gente— sean del Viejo o del Nuevo Mundo, el espíritu analítico de Ildefonso Manuel Gil nos hace verlos *como son* tan sólo con esbozarlos con unos trazos ajustados o a través de sus propias palabras, plantado frente a ellos y mirándolos con amor o fustigándolos con justo enojo, derramando sobre unos ironía o burlándose de otros; y todo con sana y ejemplar intención. Porque, y esto es lo que va saltando a la vista a medida que se van leyendo estos cuentos, es fácil darse cuenta de su carácter ejemplar, de su intención moralizadora, que no moralizante.

Es bueno insistir: este o aquel, cualquiera de los personajes de las "historias" de Ildefonso Manuel Gil, lleva a cuestas una carga tal de humanidad que, aparte sus características personales —los rechacemos o no— pasan a ser parte de nuestro acervo vital. Y en cada una de esas vidas anida una tragedia que, finalmente, aunque esperada y tal vez por eso, brinda el remate de una pirueta sorprendente, de un giro impensado de la suerte o, lo que es lo mismo a veces, de la muerte.

Analizar, desmenuzar motivaciones en esas vidas, sería despojar al lector de las primicias de un descubrimiento que le corresponde por derecho y del que debe participar por completo. Porque estas "historias", que sí que lo son —valga la insistencia—, están edificadas sobre personajes históricos de papel y tinta —que es tanto como decir de carne y hueso en este caso— y van a merecer relectura, van a incitar a ser releídas, lo que no puede decirse con frecuencia de creaciones literarias de este tipo, y a enriquecerle con experiencia adquirida en cabeza ajena con la salida al primer plano de su atención de detalles, ideas, intuiciones que acaso una lectura anterior dejó dormitar entre líneas y que, al reencontrarlas en su cabal integridad, cobrarán la importancia que merecen como parte de un todo: mundo o mundillo palpitante y verdadero.

La palabra ajustada y la frase precisa son cualidades salientes de la prosa de Ildefonso Manuel Gil —no olvidemos que se trata de un poeta— y debo hacer notar que, aparte los dos primeros cuentos de este volumen, que requirieron

abundantes notas teniendo en cuenta el público al que se
destina, el lenguaje de los restantes fluye con una sencillez
natural tan sin obstáculos, que el lector va a sentirse en sus
páginas como en casa propia.

I

Historias de amor y muerte

Amor y muerte

LA MUCHACHA echó al buzón las dos cartas. Antes de dejarlas caer, estuvo un momento con el brazo extendido, contemplando su mano y los dos sobres blancos.

Se daba cuenta de la importancia que tenía ese instante en que los dedos iban a abandonar su contacto con el papel; era un gesto repetido muchas veces, aunque ahora se destacaba como algo externo a ella, algo que veía desde muy lejos, pero con minuciosa precisión. Pensó que al dejar caer las cartas en el buzón iniciaba una serie de hechos que no dejarían de suceder y que, sin embargo, se desarrollarían en un tiempo en que ni ella ni Juan, las dos personas que habían escrito esas cartas, vivirían ya.

Todavía alcanzarían el último reparto. Dentro, pues, de una hora, más o menos, el cartero llevaría a su casa una de las dos cartas. Como de costumbre, tocaría el silbato y vocearía[1] el nombre desde el pie[2] de la escalera; bajaría a recogerla su madre, renegando[3] de tener que bajar y subir tantas veces al cabo del día. Llevaría el delantal de la cocina recogido en el talle[4] por una de sus puntas, formando triángulo, y las zapatillas reventadas que arrastraba por toda la casa.

¿Habría sido hermosa su madre alguna vez? Seguramente lo fue en su juventud, hacía ya muchos años. Pensándolo, sintió una ternura que no sentía al verla tan vieja, tan gastada,

1 gritaría.
2 *el pie:* el principio.
3 protestando.
4 *el talle:* la cintura.

15

tan mal vestida, sumida en los inacabables quehaceres de la casa, sacrificándose por el marido y por los hijos, pero envileciendo al mismo tiempo su sacrificio y su abnegación con sus reniegos, con su constante malhumor y su fácil cólera.

Estuvo un momento parada ante el buzón después de haber soltado las cartas, tendida[5] su mano vacía, mirando el agujero por donde se habían perdido para reaparecer, separadas ya, una en cada casa. La imagen de su madre, que se le había presentado tan desde lejos y con tanta nitidez[6] como los sobres blancos, se perdió también. Dio media vuelta y empezó a andar.

Juan la cogió del brazo; caminaron hacia la parada del tranvía, en silencio. Angelines seguía pensando en la carta que ella había escrito. Al entregársela el cartero, la madre miraría el sobre; como no sabía leer, no podría darse cuenta de que era letra de su hija. Dejaría la carta en el aparador[7] de la cocina, puesta de pie con el apoyo de una taza desportillada,[8] de modo que se viera bien y no pudiera olvidarse, porque los demás tenían que verla en cuanto entrasen en la cocina. Después volvería a su trabajo, sin preocuparse más, sin importarle quién pudiera haber escrito ni a quién.

La carta que ella había escrito estaría allí, en el aparador de la cocina de su casa, en un sitio tan metido en la costumbre,[9] pero que ahora se le aparecía de una manera extraña, como si quisiera reconstruirlo en la memoria y algo se lo impidiera cambiando la luz o cambiándole a ella los ojos.

Seguramente sería Enrique, el hermano, quien antes de llegar el padre vería la carta y, nada más cogerla, reconocería la letra:

—¡Qué cosa tan rara, madre! Es de Angelines.

Se mirarían sorprendidos; un instante, no sabrían qué hacer, estarían dominados por un confuso miedo y una oscura

---

5 extendida.
6 claridad.
7 Mueble en el que se guardan platos, cubiertos, etc.
8 con el borde roto.
9 *metido ... costumbre:* usual.

esperanza de que mientras la carta no fuera leída nada podía haber sucedido. Después, ante un gesto imperativo de la madre, Enrique abriría el sobre, desplegaría la carta y comenzaría a leer en voz alta. De pronto, se quedaría callado. Sus ojos se inmovilizarían sobre el papel, agrandados por la sorpresa y por el susto. Luego miraría temeroso a la madre; no acertaría a hablar, vacilando en la elección de palabras. Su misma vacilación le empujaría a decir crudamente:[10]

—Angelines se ha matado. Se ha matado junto con ese.

Es como si yo misma los estuviera viendo a los dos, bajo la luz, junto al fogón en el que se estará acabando de cocer la verdura. Madre, con las manos cruzadas sobre el abultado vientre; Enrique, sosteniendo la carta. Los dos en silencio, ahí parados los dos, pensando en mi muerte, pero con un pensamiento detenido, sólo mi muerte de golpe,[11] sin acertar a echar a andar el pensamiento para dar en todo lo que mi muerte representa para ellos, sintiéndose como fuera del mundo, en una realidad que era la misma y ya no podía ser la misma, una cosa así es lo que les pasará, incapaces al principio de admitir que esa carta escrita por mí se había desprendido de mi vida para continuarla en cierto modo después de mi muerte, mis palabras allí estarán escritas, me voy a matar y todo lo de antes y lo de después, pero no será me voy, ya estará hecho todo y al fin tendrán que admitirlo y será como si el aire de la cocina tuviera mi olor y el tono de mi voz. Les dará tanto miedo, que mi madre no querrá creerlo, necesitará hacer como que de verdad no se lo cree y hasta la hora de la cena estará pensando en todo lo que me va a hacer, en todo lo que me va a decir cuando yo llegue, pero claro que yo no llegaré nunca y esas duras palabras se le volverán hacia adentro, se le irán enconando[12] en el alma y le van a estar resonando en los oídos hasta cuando esté dormida, las llevará en punta dentro de su corazón mientras viva. Tal día como hoy, cada año alguien me nombrará a la hora de la cena, o se quedarán todos callados de pronto y será lo mismo que nombrarme y no se atreverán ni a mirarse buscándose uno a otro las culpas.

10 sin cuidado alguno.
11 *de golpe:* de pronto, repentinamente.
12 *se ... enconando:* le producirán rencor, resentimiento.

Estaban ya en el tranvía, de pie en la plataforma posterior, juntos sus cuerpos desde las piernas hasta las caras, silenciosos entre los apretujados[13] viajeros. Todas aquellas gentes iban de una parte a otra, aquel tranvía era para ellos un tranvía cualquiera, una costumbre. Hablaban en voz alta, reían como sintiéndose seguros en la vida.

Había otras parejas que disfrutaban el forzado contacto, alegres de poder arrullarse[14] en público, entre tímidos y orgullosos de su deseo crecido tan a la vista de los demás. ¿Era posible que el amor existiese con esa facilidad, entre disimuladas caricias, entre palabras vulgares que se iluminaban súbitamente para adquirir un sentido único, un maravilloso y falso significado?

Para Juan y para ella el amor era una llaga[15] abierta, una sed abrasadora, un tremendo dolor ya insoportable. Siendo su amor la única razón de su existencia, se alzaba sobre la vida, pero no para afirmarla sino para rechazarla, al negarle cualquier otro posible sentido. Ninguna de las dos familias les dejaba quererse. Apenas cumplidos los dieciocho años, Angelines llevaba ya dos de riñas familiares, de encierros en su habitación los días de fiesta, de insultos, humillaciones y golpes.

Desde que poco antes de cumplir los dieciséis años se había hecho novia de Juan, había conocido al mismo tiempo y por causa de su amor la más maravillosa alegría y el más desgarrador[16] sufrimiento. A Juan le sucedía casi lo mismo, no igual del todo, porque él era hombre y las cosas son muy de otra manera cuando no se es más que una pobre chica.

A despecho de[17] todo, quizás por eso mismo, su amor había ido creciendo y creciendo hasta ser más fuerte que todo lo que se le ponía en contra. Pero ahora sus padres habían decidido mandarla al pueblo, a casa de los tíos;

13 Muy juntos (apretados y estrujados).
14 decirse palabras cariñosas.
15 herida.
16 lacerante (que causa dolor).
17 *A despecho de:* Pese a.

querían tenerla lejos de Juan y cerca del mozo que les apetecía para yerno.[18]

En el pueblo, una llanura pedregosa[19] donde sólo la vid[20]
crece, no hay agua en las casas; tampoco hay fuentes y las
mozas van a buscar el agua a una balsa[21] que hay junto a la
carretera. En verano, van cuando ya empieza a anochecer y
se retrasan allá, mientras los mozos mosconean[22] a su alrededor. Recuerda que de niña le gustaba estar horas y horas
sentada a la orilla misma del agua, mirando de tal manera
que sólo pudiera ver la tranquila superficie. La casa más
cercana, al otro lado de donde ella estaba, se reflejaba perfectamente y ella estaba mirando su reflejo hasta que alguien
se asomaba a la ventana. Parecía que viviese gente en el
fondo de la balsa y que desde allí adentro salían para asomarse
a la tierra seca, y ella pensaba que serían gentes de otra
manera, de otro mundo. Pero había que mirar sólo al agua
y no a la casa de verdad, porque si no todo era como siempre
y no valía la pena.

En el agua había miles de bichos[23] que estaban nadando
siempre de un lado a otro, moviendo sus largas patitas.
Cuando se llenaban los cántaros había que espantar a los
bichos, trazando un arco sobre el agua, para evitar que se
metiesen dentro. Pero si no se tenía que hacer otra cosa que
mirarlos, los bichos eran muy simpáticos; tirando una piedra
al agua o metiendo la mano, se veía cómo salía uno de encima
del otro, así que no había a la vista más que uno y siempre
eran dos. A veces ni siquiera hacía falta asustarlos; con sólo
decirles "Tejedor,[24] tejedor, pare uno, pare dos", se les veía

---

18 *apetecía para yerno:* gustaba para marido de Angelines.
19 llena de piedras.
20 Planta cuyo fruto es la uva.
21 hoyo.
22 andan como moscas.
23 insectos.
24 Insecto con las patas delanteras muy cortas y las de detrás muy largas,
   que se mueve con mucha rapidez sobre el agua. Se le llama también
   zapatero.

separarse y marchar cada uno por su lado. Por todo eso,
se podía estar tanto rato sentada junto a la balsa...

*Yo no sé por qué estoy pensando en semejantes tonterías, no debería
pensar más que en mi muerte. Dentro de una hora, quizás ni aún
una hora, ya no viviré, y en eso es en lo que tendría que pensar, sólo
en eso y en Juan y en mí, pero no puedo, no puedo pensar que estaré
muerta como se piensa en lo que se ha visto, en lo que es cosa de verdad,
tan sabida de una. No me doy cuenta de lo que será eso, de lo que
será estar muerta yo, sí, yo misma. No veré las cosas, no oiré las
palabras, no podré tocar nada como ahora estoy tocando la barra del
tranvía. ¿Tampoco veré a Juan, a Juan que va conmigo, que estará
muerto conmigo? Claro que tampoco tendré miedo a las palizas[25] de
mi padre, ni aguantaré los insultos de mamá, no le oiré decir nunca
más eso de que antes de verme casada con Juan prefiere mil veces
verme muerta. ¿Me verá o acaso no encontrarán nuestros cuerpos?
Madre gimoteará[26] secándose los ojos con la punta del delantal y
tan pronto dirá «¡Pobre hija mía!» y cosas buenas de mí,
como «¡Descastada!» y cosas peores, que ella me pensará unas
veces muerta y otras como siendo yo misma la que se ha matado y las
palabras se le irán y se le vendrán de la pena al rencor. Padre seguirá
emborrachándose, cuando está borracho se le ponen los ojos royos y
aguanosos,[27] creo que no me gustaría saber cómo se ven las personas
y las cosas con unos ojos así. Tengo que pensar en algo más serio,
Juan me está mirando sin decir nada y me gustaría saber en qué
está pensando ahora mismo, en este momento en que los dos nos estamos
mirando, los hombres siempre parece que se dan más cuenta de lo que
hacen, sus pensamientos serán más importantes que acordarse de la
balsa del pueblo y de los ojos enrojecidos de mi padre. Fue él, mi Juan,
el primero de los dos que se dio cuenta de que no nos queda una salida
mejor que morir juntos, siempre ha sido tan serio, tan de otra manera
que los demás chicos del barrio, sin amigos, despegado[28] de su familia,
pero tan apegado a mí,[29] tan queriéndome, yo lo único de su vida,*

----

25 Paliza es el conjunto de golpes que se le da a una persona para castigarla.
26 llorará de forma ridícula.
27 *royos y aguanosos:* enrojecidos y húmedos.
28 separado.
29 *apegado a mí:* encariñado conmigo.

que no tenía yo más remedio que acabar queriéndolo así como nos queremos. En cuanto me dijo esto de hoy y yo creo que lo venía pensando desde antes de que me quisieran mandar al pueblo, vi que eso era lo que tenía que ocurrir y me supo mal el no haber sido yo la primera en decirlo. Juntos, vamos a estar juntos para siempre. ¡Cuánto lo quiero! ¿Podríamos haber llegado él y yo a ser como esa pareja que está ahí con su niño? Me parece que el marido no está pendiente más que del crío, la mujer va como si estuviera de más, mirando a lo tonto[30] por la ventanilla. Nadie me quitará el cariño de Juan. Cuando estemos muertos, ¿qué será eso del amor? Casi no lo sé bien ahora que estoy viva, conque entonces aún menos. Esto que tengo en medio del estómago no sé si es tristeza o miedo, tengo ganas de acabar pronto, muy pronto...

Juan había entregado a Angelines las dos cartas, porque le parecía mejor que fuese ella quien las echase al buzón; ni le había forzado para que escribiese la de ella, ni le obligaba a echarlas, y a tiempo estaba de volverse atrás, aunque desde la primera vez que se lo dijo había contestado que sí y no le había visto dudar ni un momento. Mucho más había dudado él, no al pensarlo, sino para decírselo a ella. Aun con todo, le había dejado tiempo para pensarlo bien y sólo al ver que estaba decidida se puso a pensar en los detalles y en el día y la hora, que ya habían llegado. Estaba viéndola junto al buzón, con las dos cartas en la mano derecha.

Está dudando, tiene miedo, por eso se ha quedado así con la mano junto al buzón, sin soltar las cartas ni retirar la mano, hasta puede que se eche a llorar en medio de la calle, claro que es natural que ella tenga miedo y que le hagan duelo[31] muchas cosas, las mujeres se engañan de lo que es con lo que sueñan, no se puede dar cuenta como yo me la doy de que después de todo es bien poca cosa lo que le podíamos pedir a la vida y aunque ella se me vuelva atrás con todo y con eso yo lo he de hacer, claro que lo haré y no se me encogerá el ombligo,[32]

30 distraída.
31 *le hagan duelo:* le duelan.
32 *no ... ombligo:* no tendré miedo.

*aunque hacerlo solo yo, dejándomela a ella aquí, que igual a la vuelta
de unos meses estaría pirriada*[33] *por otro, no, eso no lo creo pero la
verdad es que nunca se sabe. Matarme yo solo sería peor y más difícil
también porque no habría nadie que estuviera allí para que en el
último instante a uno le salga la última fuerza como quien tiene
vergüenza de que lo vean flojo de genio.*[34] *Se va a volver atrás, tiene
miedo, está a punto de llorar. Ya, ya las ha echado y pienso que para
echarlas diciendo lo que dicen hacía falta más valor que para lo que
nos queda por hacer, que esto es el echar a andar y luego ya no pararse.
Las cartas habrán caído juntas, pero cada una tirará luego por su
lado, a nosotros ya no nos podrán separar, lo que quede cuando nos
saquen ya no seremos nosotros. Una vez vi sacar del río a un ahogado,
estaba horrible que ni persona parecía que hubiera sido y así es
como estaremos Angelines y yo cuando nos saquen, bueno, no es que
estaremos es que nos verán así y lo que se impresionarán de vernos
muertos y abrazados, seguro que dirán «¡Qué jóvenes eran, pobrecitos,
tenían toda la vida por delante!» Pero yo sé que lo que teníamos por
delante no es como para que uno lo eche en falta. Esa pareja que va
ahí con su pequeño, se les ve a los tres la pobreza y él se deslomará*[35]
trabajando, total para qué y siempre estarán de mala leche[36] *y el
niño llorando y meándose por los rincones. Angelines y yo nos vamos
a librar de eso y no será por ese cuento de que se va a arreglar la vida,
que con un jornal no hay dios que lo arregle*[37] *y siempre con el medio
comer y el medio defenderse, conque mejor es que nos libremos de todo
eso. Cuando bajemos del tranvía sólo faltarán ya unos minutos y
cuantos menos sean se irán haciendo peores. Antes de lo último casi
debíamos… pero no, ni que lo piense yo, sería una cosa que parecería
sucia y además inútil, es mejor que acabemos cuanto antes y que al no
poder decir nada de nosotros todo se pueda entender con la intención
que lo hacemos, lo que hace falta es que no haya nadie por la orilla,
que si nos sacasen a medio ahogar no habría servido más que de*

---

33 O *pirrada:* loca de amor.
34 *flojo de genio:* débil de carácter.
35 matará.
36 *mala leche:* enfadados.
37 *no … arregle:* no hay solución.

rechifla[38] *y a ver quién tenía agallas*[39] *para volver a hacerlo ni para nada, dos tipos ridículos es lo que seríamos Angelines y yo, esos dos chalados*[40] *que se echaron al canal y ahí los tienes como dos panolis. Habrá que asegurarse bien, las parejas estarán más arriba, entre los pinos, y así no se darán cuenta de nada, ellos a lo suyo, lo malo será si hay mirones*[41] *de esos que uno no sabe bien a qué van a esas horas por esos sitios. Desde que empecé a pensar en lo que vamos a hacer y cuando ella estuvo conforme no se me ha quitado ni un momento de la cabeza, tan pensado todo que es como si lo estuviera viendo paso a paso y desde el remate,*[42] *sin que me dé miedo, que morir no es nada. ¡Vaya lección que les vamos a dar a todos y lo bien ganada que se la tienen! Chillarán como ratas, las mujeres llorando a grito y diciendo cosas para que los demás las oigan no me han dado nunca pena, asco sí y mucho. Si nos hacen entierro tendrá que ser a horas distintas, que si no aún puede que se líen a palos las dos familias, me acuerdo de una vez que vi una riña de esas y hasta los críos se enzarzaron,*[43] *las mujeres con un encono peor que de hombres, siendo gente del barrio más parecía que se hubieran vuelto gitanos o peor que eso. Si yo tuviera madre en vez de madrastra*[44] *puede que me diera más pena morir así, no me gustaría hacerle llorar a mi madre, pero a lo mejor lo que pasaba es que diera igual, ahí está Angelines que la tiene y no le importa o no le importa tanto como para... Bien empleado le estará a la vieja, que ella es la que más culpa tiene y la que empezó a incordiar*[45] *y a ponerlo todo peor que mal, el padre es un bragazas*[46] *borrachón y el hermano no se metía en nada hasta que ella le calentó los cascos.*[47] *Las vecinas la pondrán de vuelta y media,*[48] *siempre se sabrá algo de lo que decimos en las cartas que se lo echarán en cara*[49]

38 objeto de burla.
39 valor.
40 tontos, panolis.
41 Personas que miran lo que hacen otros.
42 final.
43 agarraron.
44 Esposa de su padre, no su madre.
45 fastidiar, molestar.
46 Hombre sin carácter, que se deja dominar por su mujer; calzonazos.
47 *le ... cascos:* le habló tanto que le hizo interesarse.
48 *la ... media:* hablarán mal de ella.
49 *echarán en cara:* afearán.

unos a otros y la gente se pondrá a favor nuestro, siempre pasa eso
con los muertos. Ese hombre de la bicicleta parece que va a escupir
los pulmones. ¿Pasará mañana a estas horas por aquí? Que pase o
que no pase a mí no me importa nada, unos irán y otros vendrán pero
yo no tendré que ver ya nada con nadie, ni con Angelines siquiera, ni
conmigo mismo. Van todos tan tranquilos como si no tuvieran que
morir también, todos iguales, amigo, todos iguales, ya puedes pedalear
de firme que no te escaparás. Como el soldado ese, ahí cuidando el
perro, mirando cómo levanta la pata, tan serio sirviendo a la patria
con sacar a mear a la calle al perro del coronel y luego` volverá al
pueblo y se pondrá flamenco[50] *hablando de cosas de la mili,*[51] *todo*
viene a ser lo mismo y por eso me gustó pensar lo que teníamos que
hacer, suerte es que Angelines siendo tan de otro modo pensase a un
igual[52] *que yo. Dentro de un rato liquidado el asunto y nadie se*
habrá salido con la suya, nadie, ni siquiera nosotros.

El tranvía llegó a la parada final. Iba ya casi vacío, sólo
algunos obreros que vivían en las parcelas del otro lado del
canal. Las parejas de novios habían bajado a la entrada del
parque. Juan y Angelines, al verlos bajar, pensaron en las
veces que ellos siguieron ese mismo camino propicio. Ellos
habían sido así, pero todo quedaba muy atrás, como si les
hubiera sucedido hacía más años de los que tenían.

Torcieron a la izquierda. Poco más lejos comenzaba el
campo; cruzaron un ribazo y empezaron a subir la colina.
En la otra ladera estaba el canal. Desde la cima podían ver
a un lado la ciudad, que comenzaba a encender sus luces,
y al otro la estrecha franja de agua. Siguieron caminando en
silencio, muy juntos, enlazados ambos por el talle, cogidas
las otras dos manos.

La muchacha se soltó y agachándose arrancó una ramita
de tomillo en flor; la olió ávidamente y la acercó a la boca
del novio, quizás más para que la besase que para que la
oliera. Después, la tiró y volvieron a cogerse del talle.

50 *pondrá flamenco:* presumirá.
51 *la mili:* el ejército.
52 *a un igual:* lo mismo.

*La he tirado pero mejor hubiera sido volverla a oler, tan bien como
olía y que es la última vez que disfruto de algo, luego ya no habrá
nada, ni aun cosas como ésta que la tierra las da para todos, pero
sea lo que sea no se pierde gran cosa; en cuanto una empieza a verlo
bien, la vida más se parece a una trampa que a nada bueno. A mi
madre no le ha debido de quedar mucho tiempo en este mundo para
andarse con flores y cosas así. Te quiero, Juan, te quiero pero ahora
ya no serviría de nada el decírtelo, no hace falta ya ni siquiera decir
eso. Ya vamos a llegar, qué poco falta ya, ¿qué va a pasar, Dios mío,
qué va a pasar? Pero no se piensa en eso, no hay que pensar ya en
nada, en nada.*

Estaban bajando la colina; dentro de pocos minutos estarían ya junto al canal. Juan recordó que aquella mañana
había comprado, por primera vez en su vida, un paquete
de tabaco rubio. Casi no le quedaban ya cigarrillos. Era
estupendo lo buenos que eran y lo bien que ardían sin apagarse
como los otros, los baratos que él fumaba siempre, que se
quedan pegados al labio, ennegreciéndose el papel y casi da
asco ver a algún viejo con la colilla pegada al labio y la saliva
amarilleando el papel. Estaba pensando eso cuando Angelines
se soltó y cogió una rama de tomillo; se la puso sobre los
labios y él aspiró con la misma avidez que le había visto a
ella. La bocanada de aire le aumentó las ganas de fumar,
pero ya Angelines le había cogido otra vez la mano.

Se estaban acercando al canal y ese último cigarrillo, ese
que no iba a fumar, se le convirtió en algo tan poderoso que
le hizo soltar a la muchacha y sacar nerviosamente el paquete;
se detuvo un momento para encenderlo. Se acordó de que
siempre había oído decir o había leído en alguna parte que a
los condenados a muerte se les daba un cigarrillo, el último
regalo de la vida, tan insignificante como la vida misma.
Humo y nada más que humo, el último pitillo. También
Angelines iba a lo mismo que él, condenada a muerte como
él, y era justo que tuviese su cigarrillo. Se lo ofreció, sin
pensar que ella nunca había fumado y lo pensó en seguida,
al mismo tiempo que se sorprendía de ver que ella lo había
aceptado. ¿Acaso iba ella pensando en lo mismo? Cuando

iba a encendérselo, se dio cuenta de que no le temblaba la mano.

La muchacha tragó humo y empezó a toser.

Pobrecilla, ese humo tan suave le hace toser de esa manera. Peor será luego para ella, mucho peor. Yo debía de matarla antes, en el último momento, para que no padezca nada, pero sé que me faltaría valor para semejante cosa, que no importa que yo vea que sería mejor para ella y además que aunque están las cartas, los demás pensarían que Angelines se había querido volver atrás y yo la había matado por eso, matarla sin su consentimiento, con todo lo que va de una cosa a otra. Es natural que lo pensaran, aunque las cartas bien claro lo dicen todo, pero también podían pensar que yo le había obligado a escribir. Lo siento, vida mía, siento que tengas que sufrir, pero hace falta que nos matemos juntos, abrazados, que se vea bien que nos matamos de tanto que nos queremos y no nos dejan. Ojalá lo hubiésemos hecho el primer día que lo pensé y se lo dije y a ella le pareció que era lo que teníamos que hacer. ¿Tendrá miedo Angelines? ¿Tendré miedo yo?

Inconscientemente, sus pasos se fueron haciendo más lentos. Toda la injusticia, toda la incompresión del mundo, toda la mezquindad[53] de la vida gravitaban sobre los dos jóvenes. Caminaban despacio, sin que hubiera en ellos ningún sentimiento de rebeldía ni rencor. Ni siquiera sentían miedo; habían planeado tan minuciosamente todo, habían hablado tanto de ello, aceptándolo, que en su pensamiento era casi como si lo hubieran ya hecho.

En la orilla, al borde mismo del agua, se detuvieron. La luz comenzaba a velarse[54] sobre las copas de los árboles y los rumores del campo estaban llenos de vida. Era un atardecer hermoso para todo, incluso para morir.

Se besaron con la misma pasión de siempre, sin ansia ni amargura. Abrazada a su novio, la muchacha notó que él andaba en raros manejos y sintió una fuerte opresión en su cintura; entonces recordó que habían decidido atarse, para

53 miseria.
54 disminuir.

que la corriente no los separara. Ya estaban enlazados por una fuerte cuerda que mantendría su abrazo más allá de la muerte. Nada ni nadie los podría separar. Juan volvió a pensar que en una tarde como aquella, bajo aquella indecisa luz y en aquella solemne soledad, era hermoso morir por amor. No vaciló.

En el mismo instante en que se sintió caer al agua, la muchacha pensó: «¡Perdóname, Dios mío!»

Los encontraron días más tarde, aguas abajo, ante el rastrillo[55] de un molino. Más de un cadáver habían sacado ya de aquel sitio, pero nunca debían de haber sentido una impresión tan fuerte, tan desoladora, como al ver a esos dos ahogados, tan jóvenes, casi unos niños. El hombre que avisó por teléfono al juzgado de guardia tenía la voz temblorosa y entrecortada.

Los dos cuerpos atados adquirían una grandeza trágica. Verlos tan jóvenes era algo que hacía rechinar los dientes y maldecir de todo. En esos dos cadáveres que una cuerda mantenía unidos por la cintura había algo extraño, confuso y desconcertante, que despertaba, hasta en los hombres curtidos por la costumbre del oficio, un pudor que tenía algo de sagrado.

Era como si algo misterioso, algo incomprensible, pero intensamente vivo, alentase todavía en ellos. Quizás fuera eso lo que hizo a la molinera entrar en su casa y traer una manta para cubrirlos, apenas los hubieron sacado del agua.

Bien claro estaba, aun para quienes nada sabían, que se habían matado por amor. Durante mucho tiempo se hablaría en la ciudad de esos dos enamorados; muchas gentes, bien arrellanadas[56] en la vida fácil, darían gusto a su sensiblería evocando el amor más poderoso que la muerte.

El médico forense[57] y sus ayudantes pudieron ver, y escrito quedó en los papeles del juzgado, que los dos pobres ahogados tenían las caras, las manos, los cuellos, marcados por terribles

55 Especie de reja.
56 situadas.
57 Que trabaja para el juzgado o la Policía.

mordiscos y arañazos. Un mechón de pelo de la muchacha estaba casi arrancado, sujeto sólo a su cabeza por un trozo de piel desgarrada.

La molinera seguía contando que los dos parecían dormidos, tranquilamente dormidos, como seguros de estar queriéndose en la muerte.

La muerte no pasa tarjeta

Don Edelmiro Perecín López salió del ascensor y en pocos pasos alcanzó la calle; un suave atardecer de primavera lo estaba esperando allí, como un perrillo fiel. Estaba tan satisfecho de sí mismo, que le pareció que aquella hermosa tarde era tan exclusivamente suya como el ligero abrigo que llevaba al brazo. Todo se le ofrecía en la vida con la misma grata facilidad; todo cuanto él deseaba estaba al alcance de su dinero. Perteneciendo a la especie de los que piensan que todo tiene un precio, su fortuna era más cuantiosa que el costo de sus deseos.

Caminó hacia el centro de la ciudad. Había ordenado al chófer que no lo esperase, quizás para que no pudiera adivinarle la impresión causada por la sentencia del médico. La idea de mostrarse débil le resultaba insoportable. Y aunque esta vez la precaución hubiera resultado inútil, no estaba mal el haberse proporcionado así, precisamente en esa tarde, la ocasión de pasear lentamente, mezclándose con las gentes que siempre van a pie.

Obreros mal vestidos arrastraban el alma tan cansada como los pies y, sin pararse, miraban los escaparates de las tiendas de lujo con un brillo endurecido en los ojos; mujeres que regresaban también del trabajo, agobiadas por las preocupaciones cotidianas, ojos enrojecidos por el rencor de la vida difícil, belleza gastada en el esfuerzo infecundo de cada día.

Pensar que esas personas que se cruzaban con él andaban empujadas por el torbellino de la vida, oprimidas por la carga del fracaso, aumentaba en don Edelmiro la seguridad, la fe que tenía en su sólida posición social, su orgullo de hombre influyente y poderoso. No miraba con atención más que a los peor marcados por la dureza del vivir; los veía como desharrapados[1] dispuestos a besarle los zapatos por un billete de diez duros, quizás por menos, y el desprecio que sentía por ellos, casi saboreándolo, se le volvió agrio y le hizo avivar el paso. Aquellos seres, tan marginales, se le iban convirtiendo en sombras incómodas, casi amenazantes, de las que había que librarse en seguida.

En ese momento, una hermosa muchacha pasó casi rozándole; entonces pensó que chicas como esa sólo podían verse en una tarde como esta. Pasaban entre la pobre gente como seres inaccesibles, derramando su belleza sobre la bella luz del atardecer. Sonrió pensando en los alcances de esa inaccesibilidad, pues había pensado en ella más que con su propio pensamiento con uno ajeno a él, como si se hubiera metido, contrabandeando,[2] en el pensamiento de los otros transeúntes.[3] La muchacha ya estaría lejos, pero le pareció que volvía a venir hacia él, ofrecida, y esta vez su cara era la de Nati,[4] la hija de su portera, y se regocijó con la idea de que la vida seguiría brindándole esa especie de regalos. No precisamente regalos, porque a un hombre tan rico e importante como él no se le regala nada, pero todo se le cambia por su dinero.

Nati debía de estar a punto de cumplir los diecisiete años. Era una de esas morenas estrepitosas[5] que parecen andar siempre en pie de guerra.[6] Hasta ahora, don Edelmiro no había hecho otra cosa que proporcionarle armas de combate, con disfraz de caridad; medias, zapatos, perfumes, vestidos... A cambio, todavía no había recibido más que la gratitud servil[7] e hipócrita de la madre y algunas insignificantes, si

1 andrajosos, vestidos de harapos.
2 clandestinamente.
3 Personas que pasaban.
4 Natividad.
5 llamativas.
6 *en ... guerra:* provocando a los hombres.
7 baja.

bien muy prometedoras, concesiones de la chica en fortuitos[8] encuentros en la escalera o en el ascensor. Veía crecer y brotar la belleza de Nati sin demasiada impaciencia: era como ver ir madurando un raro y exquisito fruto destinado a su paladar.

Nati había tenido ya uno o dos enamorados, cosa que agradaba a don Edelmiro. Si no son del tipo panoli,[9] los enamorados hacen perder a las muchachas su exceso de miedo y pudor. Al final de uno de esos noviazgos, Nati acabaría por caer en brazos del acaudalado[10] señor, que ya no arriesgaría en la empresa más que algo de dinero. Y don Edelmiro sentía por el dinero ese elegante desprecio que se complacen en manifestarle los que lo tienen a espuertas.[11]

Su caudal era enorme. Durante varios años había vivido exclusivamente para aumentarlo, aunque claro está que, pese a tan intensa dedicación, era él quien menos esfuerzos había gastado en tal aumento. Muchos hombres habían sudado y sudaban para él, algunos se habían arruinado por él, y muchos se habían envilecido[12] a su mayor honra y servicio.

Situado de pronto en el nivel de los poderosos, nada lo había detenido en su arrolladora[13] marcha hacia la opulencia.[14] Había especulado con el hambre de muchos, con la torpeza de otros y con la falta de escrúpulos de algunos. Encubierta y astutamente audaz al principio, para poder serlo después a pública luz y con menos riesgo, había conseguido que las puertas más inaccesibles de la ciudad se abriesen, como por sí solas, en cuanto don Edelmiro se acercaba a ellas; lo mismo daba que sobre ellas campease[15] un escudo, una cruz o un rótulo oficial.[16] Daba lo mismo, una vez que

8 casuales.
9 tonto.
10 rico.
11 *a espuertas:* en gran cantidad.
12 hecho indignos, despreciables.
13 Que vence todos los obstáculos a su paso.
14 riqueza.
15 figurase.
16 *un rótulo oficial:* el nombre de una oficina del gobierno.

se hubiese sabido que, como debe ser, un alcalde es más barato que un gobernador, un subsecretario más que[17] un ministro, un obispo más que un arzobispo.

Al cabo de veinte años vividos en esa agresiva opulencia, no era de extrañar que don Edelmiro Perecín López, a diferencia de aquel filósofo griego que creía que el hombre era la medida de todas las cosas,[18] estuviera convencido de que el dinero era la medida de todos los hombres; todo se reducía a oportuno, hábil, discreto y bien calculado manejo del talonario de cheques. Y como el dinero, siempre se ha dicho, llama al dinero, parecía que toda la ciudad y una buena parte del país habían estado organizadas durante los últimos veinte años sólo para hacer afluir ríos de oro a las arcas[19] del señor Perecín López.

Ahora ya no necesitaba esforzarse; por eso había decidido varias semanas atrás dejar que sus negocios los dirigieran, siempre bajo su avezada[20] supervisión, manos y mentes[21] bien pagadas y dispuestas a todo. Había llegado el momento de descansar, puesto que los demás no podían hacer lo mismo.

Otros, en su caso, se dedicarían a viajar; él, no. Su respetabilidad y su riqueza lo ligaban a la ciudad; tenía que ser protagonista y espectador de su inmenso poderío.

Apenas había tomado esa decisión, le había asaltado un miedo terrible a la enfermedad y a la vejez. No es que se sintiera mal, pero por primera vez pensaba que él pudiera ser tan vulnerable como los demás.

Durante los últimos quince días había estado en manos del más afamado[22] médico de la ciudad, quien había congregado en torno suyo, es decir, en torno de tan ilustre cliente, al más selecto grupo de sus colegas, grupo compacto, aunque subdividido en tantas unidades como especialidades registra la

17 *más que:* más barato que.
18 Gorgias (¿427-320? a. de J. C.), sofista cuyas teorías defienden un escepticismo absoluto.
19 *afluir ... arcas:* llegar mucho más dinero que aumentaba el capital.
20 experimentada, experta.
21 Inteligencias.
22 famoso.

noble ciencia de la medicina. Todos los escondrijos[23] del cuerpo de don Edelmiro fueron iluminados y rebuscados,[24] todos sus resortes[25] tuvieron sobre sí las sabias miradas, ni una sola de sus miserias fisiológicas dejó de ser ennoblecida por la atención de la ciencia. Radiografías, exploraciones, análisis, electrocardiogramas, encefalogramas... habían observado cada proceso de su vida física, suministrando los necesarios datos al equipo de prestigiosos doctores.

Hacía media hora que el renombrado médico le había dado el resultado de tan arduas investigaciones. Un dictamen digno, en verdad, de lo que por él se había cobrado. Don Edelmiro Perecín López tenía fuelle para rato,[26] para muchos años. Al borde[27] de los cincuenta, su salud era la de un hombrote[28] de treinta. Palabras como glucosa, urea, hematíes, glóbulos rojos, leucocitos, etc., etc., que eran capaces de hundir el ánimo de un hombre, podían ser también tan estimulantes como una tarde de primavera, tan prometedoras como la belleza de Nati, tan divertidas como el espectáculo grotesco de esa muchedumbre que llena los paseos céntricos de la ciudad.

Apresuró el paso para sentir mejor la firmeza de las piernas, la fuerza de los pulmones, el ritmo seguro y ordenado del corazón. De buena gana habría saltado el macizo de boj[29] que circundaba la plaza y hasta se hubiera puesto a luchar con cualquiera de los hombres que se cruzaban con él, tan sólo para demostrar la agilidad de sus piernas y la contundencia[30] de sus puños. Le costó trabajo dominar tales impulsos; la respetabilidad era una especie de aureola, invisible e irrenunciable, que enaltecía la privilegiada cabeza de don Edelmiro.

23 lugares escondidos.
24 mirados cuidadosamente.
25 muelles, mecanismos (fig.)
26 *fuelle para rato:* vida para mucho tiempo.
27 *Al borde:* Cerca.
28 hombre fuerte.
29 Arbusto siempre verde.
30 solidez.

Se detuvo para encender un cigarro y cuando reanudó la marcha[31] lo hizo hacia el barrio antiguo de la ciudad, evitando el centro. No quería fundirse en esa masa de paseantes, caballos de una noria cuyos cangilones sólo podían sacar aguas de mezquindad y aburrimiento.[32]

Las calles iban siendo cada vez más estrechas, las casas más bajas, con sus fachadas más desconchadas;[33] en vez de las tiendas lujosas y de los brillantes portales de mármol, había tiendas en que se exhibían géneros variados y de escasa calidad, con lóbregos[34] patios entre ellas. Cuarenta o cincuenta pasos bastaban para que el lujo se cambiase en pobretería.[35]

Don Edelmiro comenzó a asombrarse, y no sin cierto recelo,[36] de su impensada[37] decisión de adentrarse por aquellos andurriales,[38] de aventurarse por tan sórdido barrio. ¿Cuánto tiempo hacía que él no había andado por allí? Tal vez veintitantos[39] años; la segunda mitad de su vida no había tenido ya contactos con ese mundo. Pero antes, cada día había pasado por estas mismas calles, camino de la suya, aún más estrecha e inmunda.[40]

Pensó en el joven que él había sido veinticinco años atrás y sintió desprecio por aquel pobre diablo[41] amarrado a un empleo insignificante, aunque al mismo tiempo se complacía en recordarlo para comparar con lo que había venido después. No separaba con un mojón,[42] frontera cronológica, las dos etapas tan distintas de su vida, sino que se desdoblaba[43] él en dos seres distintos, de tal manera que podía despreciar

31 *reanudó la marcha:* continuó andando.
32 *caballos ... aburrimiento:* gente de vida miserable y aburrida.
33 Con la pintura caída en algunos sitios.
34 oscuros, sombríos.
35 pobreza. (También: multitud de pobres.)
36 temor.
37 Sin pensar, fortuita.
38 Calles fuera de camino.
39 más de veinte.
40 sucia, repugnante.
41 Hombre bonachón y de poca valía.
42 Señal que indica división territorial.
43 separaba, dividía.

al de antaño[44] para mejor admirar la personalidad del triunfador. Todo cuanto había hecho este segundo personaje le parecía admirable; todo, incluso el matrimonio con Aureliana, mujer más vieja que él, fea, contrahecha,[45] enferma, pero hija única del acaudalado hombre de negocios don Aurelio Archidón, una de las más grandes y activas fortunas de la ciudad. Inmensa, pero insignificante en comparación con la que el yerno[46] iba a acumular a lo largo de veinticinco años.

Esa boda había sido el comienzo súbito de su poderío, el gozne de esa puerta que al cerrarse sobre la mediocridad se había abierto hacia la opulencia. Un recado especial, casi humillante, una de esas misiones características del metesillas y tiralevitas[47] que había sido el otro, el joven que se había quedado detrás de la puerta cerrada, olvidado de sí mismo, lo llevaba de vez en cuando a casa del poderoso patrón. Celada[48] del destino para poner frente al ambicioso joven la fácil presa de una mujer aburrida de su riqueza, desesperada con su fealdad, decidida a quemar el último cartucho.[49] Quizás celada del destino para poner frente a la ansiosa y desesperada heredera la presa fácil del joven pobre diablo dispuesto a todo.

En este atardecer de primavera, casi le conmovía recordar la pegajosa[50] ternura de Aureliana, el ansia con que se apretaba contra él en las expansiones del corto noviazgo.[51] Poco después, sentía las caricias de la esposa como algo blando y viscoso[52] recorriéndole la piel; ella manifestaba un celo[53] incómodo y, en cierto modo, humillante. Cada beso suyo era como el hierro con que el ganadero marca su res, una piel con su contenido que de cabeza a rabo le pertenece. Una

44 antes.
45 deforme, mal formada.
46 marido de su hija.
47 *metesillas y tiralevitas:* entrometido e impertinente adulador.
48 Trampa.
49 *quemar ... cartucho:* aprovechar la última oportunidad.
50 pesada, melosa.
51 El tiempo en que se es novio antes del casamiento.
52 pegajoso, blando.
53 deseo intenso.

mezcla de codicia y de lascivia, también de desquite,[54] era lo que dominaba las noches conyugales[55] de Aureliana.

La verdad es que hasta ahora no había pensado él en todo eso y sus pensamientos, tan venturosamente dirigidos antes, se le desmandaban[56] y en vez de presentarle el brillo de su triunfo le traían el alto precio pagado por él. Ahora, cuando hacía ya varios años que no era víctima de aquellas caricias, es cuando por primera vez le parecía sentirse humillado por ellas.

Así le sabrán las mías a Nati, pero bien claro está que a mí me va a traer sin cuidado lo que ella sienta o deje de sentir, me importará lo que yo esté sintiendo y eso mismo le sucedería a Aureliana conmigo y no creo que se complicara el gusto con esos melindres.[57] ¿Qué me va a importar a mí lo que sienta y piense Nati mientras yo la acaricie? Me apañaré[58] muy bien sin saberlo.

Había recuperado su buen humor y, cada vez más satisfecho de sí mismo, iba recordando su vida desde el comienzo de la prosperidad. Era como si quisiera resumir y exaltar al triunfador para exhibirlo por aquellas calles que lo habían conocido desvalido, mezquino. Desde el casamiento, había sido todo triunfal y cada jugada ganada lo dejaba con mejores cartas en la mano para llevarse la baza[59] siguiente.

Si había sido capaz de casarse con una mujer que sólo podía despertar una compasión entreverada[60] de asco, si había sabido desarmar las sospechas del suegro, sirviéndolo humildemente hasta que murió, si había sido un marido fiel, tierno, solícito, para Aureliana, que duró unos pocos años más que el suegro sin llegar a darse cuenta de las bascas[61] que tragaba el marido, al que dejó heredero de toda su fortuna; si había sido capaz de hacer todo eso, ¿qué podía haberle importado

---

54 venganza.
55 matrimoniales.
56 escapaban.
57 *esos melindres:* esas delicadezas.
58 arreglaré.
59 Cartas que los jugadores ponen sobre la mesa y que se lleva el que gana.
60 mezclada.
61 ansias, ganas de vomitar.

el hambre de tanta gente, la ruina de antiguos socios del
suegro, el suicidio del viejo industrial cuya fábrica había sido
el primer bocado importante del ya poderoso y audaz joven
financiero?

Para él, la humanidad no pasaba de ser un rebaño de
borregos[62] dispuestos a dejarse esquilar y degollar[63] por sus
pastores. El problema consistía sólo en hacerse pastor, pero
no todos sirven para eso, mientras los borregos se reproducen
copiosamente.[64] Don Edelmiro había sabido ser pastor y mucho más, pues desde hacía muchos años él dirigía un rebaño
de pastores. Cada unidad de ese nuevo rebaño se multi-
plicaba por millares de borreguitos dóciles. Era hermoso
ese perspectivismo en que los pastores, sin dejar de serlo respecto a sus rebaños, eran borregos respecto al señor Perecín
López.

¡Qué lejos volvía a sentirse de aquel pobre imbécil que
tantas veces había recorrido estas calles, que las cruzaba cada
mañana con un pedazo de pan y un poco de leche aguada
bailándole[65] en el estómago! Un infeliz que en el despacho
era la víctima preferida del malhumor de los jefes y del resentimiento cobarde de los compañeros. Acudía siempre a la
llamada de sus "superiores" con una sonrisa de servicial
humildad, como sintiéndose satisfecho de que le mostrasen
esa tiránica confianza que es una de las más viles formas de
la explotación humana.

Cuando comenzó a tener conciencia de su servilismo, ya
no tuvo tiempo de odiar a sus antiguos jefes: se limitó a
despreciarlos. ¡Qué placer había sido el pasar, tan de un día
para otro, al lado de allá de la mesa, al lado del sillón y del
dictáfono y de las decisiones! No necesitó hacer nada, sino
simplemente estar sentado allí, para que los mismos a quienes
él había servido hasta la vileza se convirtieran en sus sonrientes

62 Además del de un animal, el nombre borrego se aplica a toda persona
    sencilla, dócil y algo simple o ignorante.
63 *esquilar y degollar:* pelar y cortar el cuello.
64 en gran número.
65 Porque no llevaba mucha.

estiralevitas.[66] Antes de que él hubiera tenido tiempo o ganas
de pensar en vengativos desquites, los otros se habían apresu-
rado a testimoniar al yerno del señor Archidón el mismo
respeto y mayor sumisión que él les había tributado antaño.
Era muy agradable verlos agitarse en torno suyo, ofreciéndole
la réplica exacta de aquella sonrisa servil que había sido gesto
fijo en los labios del pobre diablo hasta su fulgurante ascenso[67]
por méritos de alcoba.

Mientras las primeras luces se iban encendiendo en las
viejas calles, la complacencia de don Edelmiro alcanzaba su
alto punto habitual, aquél en que se veía sobre el fondo de
una humanidad amorfa, indiferenciada, de manera que su
personal talla se agigantaba solitaria e insolidaria.

*Realmente, la vida es buena, cada uno acaba por tener lo que
merece. Todas estas gentes, estas sombras de hombres, ya tienen
bastante con su hambre medio engañada[68] cada día, con sus placeres
sobre esmirriados[69] colchones, rutina sobre rutina, con el pasto in-
telectual de esos periódicos, con los monólogos de sus gobernantes y
los berridos dominicales[70] en el campo de fútbol. También con alguna
borrachera de vez en cuando. ¿A qué más pueden aspirar si no son
más que animales, animalillos cobardones y dóciles, que sólo ventean[71]
la comida y el calor de la hembra?*

Por la estrecha calle, don Edelmiro se cruzaba, rozándose,
con esos hombres que podían extrañar su presencia en aquel
lugar, pero no podían adivinar el desprecio que por ellos
estaba sintiendo, ni lo que tenía de insultante el sólo hecho
de que él estuviera allí, acreciéndose[72] en el contraste del
mundo de los demás, que había sido antaño su propio mundo,
con su esplendoroso mundo privado.

Las aceras, cada vez más estrechas y más sucias, le hicieron
lamentar de nuevo el oscuro impulso que había desviado sus

66 tiralevitas.
67 *fulgurante ascenso:* brillante y rápida promoción.
68 quitada a medias.
69 O *desmirriados:* flacos.
70 *berridos dominicales:* gritos de los domingos.
71 andan buscando.
72 aumentándose.

pasos del centro de la ciudad. Despedir al chófer había sido una tontería, bueno, una debilidad, una pequeñísima debilidad, después de todo. Y faltaba ya muy poco para regresar a las calles luminosas, con tiendas lujosas y viviendas de renta cara, con gentes de aspecto agradable, que aunque al fin y al cabo fueran por dentro como estas, por fuera parecían seres destinados a la fácil felicidad.

De un portaluco[73] le llegó un olor agrio y fuerte a col recocida, a sardinas fritas en mal aceite, a moho, a meados.[74] En ese mismo instante, él estaba recordando el dictamen del médico. Sí, sano, con la perfección vital y alegre de un animal joven. Orgulloso de su cuerpo, había aspirado profundamente como para recompensar a sus pulmones por tan excelente trabajo; el mal olor le hizo recordar el placer de hundir la cara en un buen ramo de escogidas flores. ¡Claro está que a él le gustaban las flores! ¡Hacía veinticinco años que las amaba! Cada mañana, la mejor florista de la ciudad le suministraba rosas llenas de pureza, esbeltos nardos, aromosos claveles, vistosos gladiolos, delicadas orquídeas, siempre a contrapelo[75] de la estación, para que la rareza aumentase la intensidad del disfrute, haciéndolo caro y exquisito.

Hay pobres que también aman las plantas; pero como no tienen acceso al delicado ambiente de las tiendas de flores, cultivan en su casa macetas de claveles y de geranios. El geranio es una flor que no tiene aroma, pero es humilde y se deja cultivar en los restos de un botijo o en una lata y sus colores lucen vivamente hasta en la más modesta ventana.

Al final de la calle, de esa ruín calleja por la que el ilustre financiero regresaba a su mundo, en la buhardilla[76] de una casa mezquina, un viejo obrero leía las páginas de una revista. Se las había dado su mujer para que se entretuviera mientras ella acababa de hacer la cena. Las fotos mostraban a una hermosa estrella de cine firmando autógrafos, levantán-

---

73 portal miserable.
74 *a moho, a meados:* a descomposición producida por la humedad, a orines.
75 *a contrapelo:* fuera.
76 *la buhardilla:* el desván.

dose de la cama, jugando al tenis, disponiéndose a saltar desde el trampolín de una piscina, bailando con un elegante caballero. Era un reportaje sobre la vida cotidiana de la bella actriz. Las páginas estaban manchadas de grasa, pero el hombrecillo podía mirarlas, asomándose ingenuamente a aquel documental de vida en este planeta.

Cuando un hombre tiene los bronquios deshechos y le da un golpe de tos es como si dentro del pecho le estuviera creciendo un perro rabioso. Y si en una cocina de techo bajo, con un pequeño ventanuco abierto a un patio interior de una vieja casa de vecindad, se fríen en mal aceite unas cuantas sardinas, toda la vivienda se llena de una humareda espesa y lacerante. El camino del humo hacia los bronquios del pobre hombre era corto y fácil de andar. La tos empezó a sacudirle las paredes del pecho. Apretó con furia las hojas de la revista, arrugando el esbelto cuerpo de la famosa estrella, alterando el impecable porte del distinguido caballero que bailaba con ella.

Sacudido por la tos, que le desgarraba el pecho y le laceraba la garganta, sintió que toda su sangre se le agolpaba[77] en la cabeza, velándole[78] los ojos. Se levantó y, tambaleándose, angustiado por la tos y por un rencor mal definido, buscó la ventana para que la brisa de mayo le apagase aquel fuego y le limpiara los pulmones.

Creyó que se asfixiaba antes de llegar al aire libre y casi sin fuerzas se dejó caer de bruces sobre el antepecho[79] de la ventana. Ni siquiera se dio cuenta de que había tirado un viejo pote plantado de geranios.

Don Edelmiro Perecín López, prohombre[80] de la patria, que tan acostumbrado estaba a verse servido por tantas leyes, tuvo esta vez en contra suya esa ley de la gravedad que no siempre es susceptible de ser adaptada, como las otras, al provecho y honra de los poderosos.

---

77 juntaba de golpe.
78 cegándole parcialmente.
79 pretil.
80 Persona que goza de autoridad o prestigio.

Una cabeza aplastada, abierta en canal,[81] derramando sus entresijos[82] sobre la acera, es un espectáculo tan lamentable y repulsivo como la miseria de los que habitan las sucias casuchas de las calles estrechas y sombrías, sucias y malolientes, vecinas y lejanas de la ciudad luminosa llena de anuncios incitantes, de automóviles veloces ocupados por hombres y mujeres que tienen motivos para creer todavía en muchas cosas.

Hay mucha gente aficionada a contemplar todos los espectáculos que se ofrezcan gratis, y de sorpresa, en las calles. Además, cuando se es irremediablemente pobre y se está obligado a mostrar conformidad con la marcha del mundo, la visión de la cabeza aplastada de un elegante señor no es cosa que dañe a la vista. En torno a lo que restaba de don Edelmiro Perecín López, cuya integridad física había estimulado la sabiduría del más importante coro de doctores de la ciudad, se había formado un gran corro de curiosos.

Visto desde arriba, desde mucho más arriba de la ventana de la buhardilla, ese corro sería el cero definitivo y terrible en el que venía a concluirse la vida del poderoso triunfador.

---

81 *en canal:* por medio, de arriba abajo.
82 *sus entresijos:* su contenido.

2

Historias sin principio ni fin

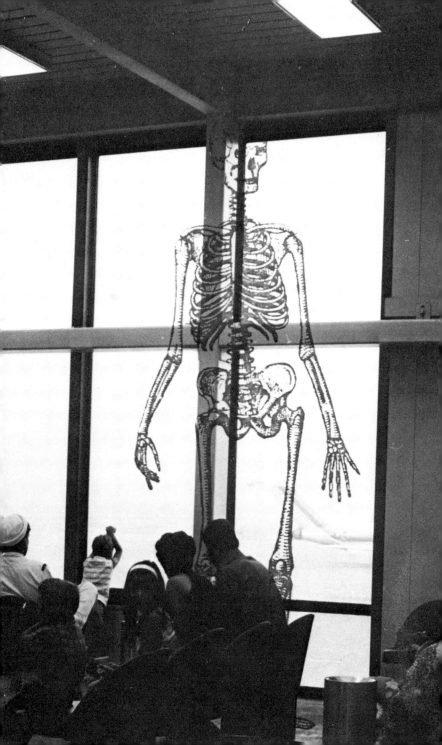

Gate 13

.. Hoy es día 13, domingo, noviembre. En el sur todavía iene el otoño lujos estivales;[1] mi gabardina está sobre una silla, con la pequeña maleta y el libro para el viaje. Dentro de un cuarto de hora he de subir al avión que me llevará al norte, al frío, a la costumbre. Todos los que están aquí tomarán el mismo avión; entregados ya los billetes, nada hay que hacer sino esperar el momento del vuelo.

Una señora está diciéndole a su marido que no debiera haber una *gate* 13, que muy bien se podían haber saltado del 12 al 14, después de todo nadie va nunca de una en otra y el saltarse un número no importaría nada, ya sabes que en el *country club* nunca hay mesa trece, ya se sabe que todo eso de la mala suerte no son más que tonterías, pero mejor es no dar pie para que a nadie se le ponga a temblar el estómago. Y encima es hoy día trece, claro está que si bien se mira lo del mal número se compensa con ser domingo, el mejor día. Dos fuerzas iguales, en sentido contrario, se anulan. Pero siempre queda el 13 de la salita de espera, andén[2] entre tierra y aire.

En las paredes, carteles de vivos colores tratan de despertar el deseo de volar a Méjico, a Venezuela, al Perú, al Brasil. Un reloj marca las cinco y cuarto. Dentro de seis o siete minutos, un altavoz nos pondrá en movimiento. Cruzar la puerta, metido ya en la fila, andar unos pocos pasos, subir la escalerilla, sonreir a la bella muchacha, ocupar el asiento.

1 veraniegos (Estío = Verano).
2 Especie de acera elevada en las estaciones del ferrocarril, paralela a la vía.

45

En seguida, apagar el cigarrillo, ponerse el cinturón, sentir dentro del estómago el impulso de las turbinas.

Faltan tres o cuatro minutos, unos pocos minutos en los que todo podría arreglarse; permanecer aquí sentado, desoyendo[3] la llamada y después salir —¿qué importa el asombro del empleado, ese desconocido?— por la otra puerta, caminar millas y millas sin despegar los pies de la tierra. Solo unos pocos minutos para ejercer el derecho a la libertad. La señora de enfrente acaba de cruzar la piernas, sus hermosas piernas, negando libertad a los ojos, que han de quedarse fijos en ellas. Y súbitamente desaparecen las medias y la fina tersura de la piel y la carne, quedando al descubierto el hueso. También los brazos y el rostro han desaparecido, la calavera escandalosamente contrastada por la flotante cabellera rubia. El señor de al lado, su calavera bajo el enorme sombrero tejano, y la madre con su niñito, y el soldado y el otro, y la otra, todos los que esperan son esqueletos vestidos. Busco un espejo que no hay, donde pudiera mirarme la calavera y suena el altavoz y los esqueletos se ponen en pie, cogen maletas, se ordenan en la fila que se mueve lentamente hacia el avión poderoso, inmenso, terrible.

Todas la fuerzas de la vida no bastan ya para romper la fila, para echarse a correr hacia calles y jardines, hacia donde están las gentes con cara y con cuerpo en que el esqueleto no sea sino oculta arquitectura, armazón[4] de vida. Correr, salvarse. La escalera no tiene trece peldaños.

Una musiquilla suave, luces como de íntima cafetería donde el tiempo consume los caudales del ocio.[5] Pero el despegue, la saliva que no se deja tragar.

Alguien me habla. Al abrir los ojos, veo antes que nada los dientes, pero no inmovilizados, no reducidos a mineral, sino dando apoyo a unos labios rosados, seguros de la perfección de su sonrisa profesional; después, las mejillas, los ojos, los cabellos asomando bajo la gorrita. Una mano fina me ofrece un vaso de soda.

3 no haciendo caso.
4 armadura, esqueleto (figurado).
5 descanso, distracción.

—Puede usted soltarse el cinturón, puede usted fumar.

Por la ventanilla, mirando hacia abajo, solo se ven nubes, llanuras y montañas de nubes. Todo es tan fácil, tan simple: dejarse estar. Y uno lee los periódicos al día siguiente o en los periódicos del día siguiente figura su nombre en una lista de pasajeros y todo sigue igual, yendo y viniendo las gentes de nada a nada, en la consabida perfección del mundo...

La mujer de la *luncheonette*

... A CUP *of black coffee, please.*

Mi pronunciación había sido correcta y sonreí satisfecho. Detrás del mostrador, la mujer me vio sonreir y me dijo algo. No pude ni adivinar de qué me hablaba, pero sin saber por qué dije:

—*Oh, yes.*

Entonces ella se disparó en[1] un largo discurso, mientras iba y venía afanada en sus quehaceres. La *luncheonette* es pequeña; el mostrador con cuatro taburetes delante y una larga estantería detrás, el indispensable utillaje[2] del oficio, todo electrificado, una mesa vitrina sobre la que está la caja registradora, los refrigeradores y más estanterías en las que hay una mezcla de artículos sorprendente para un español: tabaco, productos farmacéuticos, cordones y crema para zapatos, periódicos y revistas, máquinas de afeitar, relojes, navajas, libros, dulces, plumas estilográficas y bolígrafos...

Al fondo hay una puerta desde la que llega ruido de "futbolines"[3] o máquinas parecidas y voces de muchachos.

La mujer seguía hablando y bien claro estaba que no podía hablar a nadie más que a mí, único cliente en aquel momento. La gráfica de su pronunciación sería una simple línea horizontal, sin cesuras, sin curvas ascendentes ni descendentes. Concentré todos mis esfuerzos en el intento de distinguir una palabra, una sola, pero no lo conseguí; parecía como si estu-

---

1 *se disparó en:* empezó de pronto.
2 Utensilios, útiles.
3 Mesa de recreo que imita un campo de fútbol y con figurillas de futbolistas con los que se puede jugar una imitación de tal deporte.

48

viera pronunciando una, nada más que una, interminable palabra.

La situación, tan absurda, se me apareció de pronto como una genial visión de toda la vida humana. ¿Qué estaba haciendo yo en esa *luncheonette*, en la Universidad, en el país extraño, en el mundo, en la vida misma? El sabor del café, los ruidos de la sala vecina, la sirena de una ambulancia, un poema que se me había atascado como carro viejo en fango[4] de malas memorias, el no haber recibido carta de casa...

Y la mujer seguía hablando; de pronto soltó una carcajada y me miró. Nada había habido en su entonación que hiciera pensar que la interminable palabra iba a acabar en punta, ingeniosamente. Tan inesperada era esa risa, que se me contagió y los dos reíamos juntos; ella quizás supiera de qué. Estaba de nuevo hablando. Yo seguía pensando que si lograba aislar una palabra quizás podría saber de qué me estaba hablando. Tantas veces se salva una palabra por un contexto, que bien podía suceder una vez lo contrario: deducir todo un contexto del significado de una sola palabra.

Miré atentamente a la mujer; ya me iban siendo familiares su pelo blanco, la nariz ancha y aplastada sobre una boca pequeña, sus ojos claros, su voz. Inició una sonrisa, mirándome, y yo también sonreí. Le brotaban rápidamente las palabras, no como tableteo[5] de ametralladora, sino como una serpentina.

De cuando en cuando entraban clientes que no se sentaban en la barra; elegían lo que deseaban comprar, se acercaban a la caja y pagaban. Una jovencita que parecía haberse escapado, con más ropa, de la cubierta de cualquier revista, fue cogiendo paquetes de diversas estanterías y los puso sobre el mostradorcito, junto a la caja registradora. La mujer los fue metiendo en una bolsa de papel y dijo unas palabras que por fuerza tenían que ser el importe de la compra, una cantidad. Creí haber comprendido, pero la caja daba una suma distinta; me había equivocado. Un guardia compró cigarri-

4 Barro mezclado con agua detenida (figurado).
5 Sonido parecido al golpear repetido de dos tablas.

llos; sabiendo el precio, aguardé a que la mujer dijese la cantidad, pero no hizo más que coger el dinero que le alargaba el otro y marcar en la caja. Se fue el guardia y quedamos otra vez solos.

Volvió a su charla; quizás me contaba algo del guardia o de la hermosa chica que había estado antes. Contaba cosas que debían de ser muy divertidas, o es que la mujer tiene pronta[6] la risa. Cabía una tercera hipótesis: que se hubiera dado cuenta de que yo no le entendía ni pizca.[7] Pensando en eso, sonreí; una vez más, el destino hizo que mi sonrisa encajase perfectamente, precediendo unas milésimas de segundo al estallido de otra de sus carcajadas.

Me levanté. No quise renunciar a esa posibilidad de pasar por hombre capaz de entender un inglés vertiginosamente[8] hablado. Puse sobre el mostrador medio dólar, gozando una vez más el placer de manejar monedas serias y sonantes, de buena plata. Recogí los cambios, dije el consabido *Good bye*, y salí a la calle.

La *luncheonette* está cerca de donde yo vivo. Todavía no conozco más que un pequeño sector de la ciudad, el camino más corto entre la Universidad y mi casa. No sabiendo el idioma, no me aventuro a salir de esa ruta que un colega me enseñó el primer día. Y cada tarde, casi a la misma hora, cuando la clientela es más escasa, entro a tomar un café —un negro café de puchero,[9] más bien de tonel,[10] sombra lejanísima y vaga del café exprés—, fumo un cigarrillo y asisto al despliegue[11] de elocuencia de la vieja dueña.

Debería haberle dicho que no entiendo el inglés, que tampoco lo hablo. Pero resulta que eso lo sé decir con tal perfección, que parece una broma, una frase humorística. Ayer, una señora se me acercó en la calle y me preguntó algo, quizás el mejor camino para ir a alguna parte. Le dije:

6 fácil, dispuesta siempre.
7 *ni pizca:* absolutamente nada.
8 muy rápidamente.
9 Vasija que sirve para cocinar.
10 barril.
11 *al despliegue:* a la exhibición.

—*I'm sorry, ma'am. I don't speak English.*

Se me quedó mirando con fijeza; después dijo algo con evidente tono de reproche y me volvió la espalda. Creo que yo debería haber aprendido peor esa frase, o haber aprendido a decir algo así como "Lo siento. No hablo inglés; sólo sé decir que lo siento y que no hablo inglés", pero eso de "sólo sé decir que" escapa a mis posibilidades. Y quizás no sirviera más que para acentuar todavía más el aire de broma.

Hoy es el décimo día consecutivo que, al volver de la Universidad, entro en la *luncheonette*. La mujer me saluda con gran amabilidad, me sirve el tazón de café y comienza a hablar. Debe de contarme la vida y milagros[12] de cada uno de sus clientes, quizás sus riñas con el marido y con los hijos; hasta puede que me hable de política o de religión. Y cada día, desde el segundo, pienso que al sentarme en el taburete, en vez de pedir el *black coffee*, debería decir aquello de "Lo siento, etc.". Pero ya no es posible, porque me sirve el café antes de que yo se lo pida, sin duda para poder empezar antes la "conversación". Ha encontrado en mí el confidente ideal; mucho más ideal de lo que ella pueda suponer. Podría confiarme los más delicados secretos, teniendo absoluta seguridad de que yo no iría a contárselos a nadie.

Le gusta tanto hablar conmigo —debería decir mejor: hablarme a mí—, que cuando tiene que ir al cuarto de las ruidosas máquinas o a responder una llamada telefónica, se malhumora y alza renegona[13] la voz. Vuelve en seguida, hablando ya desde el extremo del mostrador, alargando hacia mí la línea horizontal de su sola palabra, como si soplase contra mi nariz un matasuegras.[14]

Hay momentos en que, odiándome a mí mismo, la odio, y otros en que me enternece ese contacto humano en medio de mi circunstancial soledad, precisamente a esa hora en que en mi tierra solía comenzar mi vida familiar, una vez acabado

12 hechos, acciones.
13 protestante.
14 Especie de juguete enrollado que al soplar por un silbato del que se compone se estira mucho.

mi estúpido trabajo burocrático. Sigo oyendo a la mujer de la *luncheonette*, sonriéndole, riendo yo a remolque de[15] su risa. Pago mis diez centavos, a veces compro cigarrillos, y me voy. El tercer día contestó a mi despedida con un cordial y milagrosamente inteligible *Till tomorrow*. Esas dos únicas palabras que he conseguido entenderle eran como la solemne ratificación de un pacto.

Cada día, al anochecer, tomo mi tazón de inofensivo e inocente café. La mujer me lo trae antes de que yo lo pida y comienza a desplegar para mí la inacabable serpentina de su indivisible palabra.

---

15 *a remolque de:* arrastrado por.

Caminos...

... El sol seguía cayendo de plano y la sombra del árbol le cubría medio cuerpo; a su derecha, una hermosa muchacha rubia, una muy bien vestida muchacha de ojos azules, sombra en la cabeza y brillando al sol las piernas blanquísimas, quizá no sean tan blancas como a él le parecía, puede que tengan suavizada su blancura por un tono ligeramente dorado, como de miel, la muchacha estaba atenta a los discursos y la emoción le estremecía suavemente el pecho, en un jadeo[1] tenue, la brisa mueve así los pétalos de las flores, los labios entreabiertos, inmóvil, una criatura así no podía estar tan cerca, no podía ser enteramente de verdad, una estatua lejana al otro lado de la verja nunca cruzada.

Se movió hacia la leve franja de sombra y rozó involuntariamente el brazo de la muchacha, otro rayo de blancura en que él no había reparado, una blancura ligeramente cálida: ella lo miró murmurando unas palabras de excusa.

Ahora estaban todos aplaudiendo el final de un discurso y la muchacha aspiró casi ruidosamente, como buscando alivio a su inmovilidad; apoyó los talones en el suelo, alzando las rodillas, y el vestido le resbaló un poco sobre los muslos.

Desde donde estaba no se veía el ataúd, solo las cabezas de quienes lo rodeaban, al pie de la tribuna en que estaban los oradores y las personas más importantes, negros y blancos juntos, ¿cuándo se había visto semejante cosa en Atlanta?, y él mismo había rozado sin querer el brazo desnudo de una muchacha blanca y ella le había pedido perdón, ella le había

---

1 *un jadeo:* una respiración.

dicho a él esas palabras con que se pide perdón y las había apoyado con una sonrisa y una amistosa mirada de sus ojos azules, una muchacha blanca, una hermosa muchacha blanca podía hablar suavemente, dulcemente, a un muchacho negro, seguir sentada allí junto a él, en un pedazo de tierra del Sur, sentada junto a él que le había rozado el brazo, que había juntado un momento, sin quererlo, sin darse cuenta, su piel con la de ella.

Buscó en sus bolsillos; desde que había dejado de fumar —esas cosas del cáncer y del corazón, él quería ser un atleta—, llevaba siempre chicle y encontró un paquetito entero, con sus seis barritas; lo abrió, despacio, casi con mimo,[2] y dentro de su campo visual, cuyo centro era en ese momento la pequeña envoltura de papel multicoloreado, estaban las rodillas de la muchacha, el brazo izquierdo con la mano apoyada sobre el césped, la melena rubia caída sobre el hombro en la quietud del día.

Le ofreció chicle, casi tan sin darse cuenta como antes le había rozado el brazo; imposible: un muchacho negro, en Atlanta, ofreciendo chicle a una hermosa bien vestida muchacha blanca, y ella había aceptado y estaba quitando la envoltura multicolor, después el papel de plata, doblaba ahora la barrita y se la llevaba a la boca, sonriendo, gracias, muchas gracias, y estaban aplaudiendo otra vez y la mano de la muchacha había rozado la suya tendida con la barrita de chicle todavía envuelta en su papel de colorines, franjas verdes, azules, rojas sobre fondo blanco, y por encima de sus cabezas estaban volando unos pájaros, volando a escasa altura también los pájaros lo estaban viendo todo, oyendo los discursos, viendo la tribuna llena de gente importante, blancos y negros juntos, los negros podían ser allí personas importantes, y dentro del ataúd estaba allí abajo, no se veía desde aquí, pero estaba y hacia el sitio en que estaba era a donde miraban los oradores, el hombre negro que yacía dentro había hecho posible todo esto, la muchacha sonriéndole, tomando su barrita de chicle, los de la tribuna juntos participando de

2 cariño, ternura.

algo por primera vez y quién sabe si todos un poco asombrados y todos con una tristeza que tenía en el fondo su consolador
poso[3] de alegría, con una aliviadora pesada pena, porque lo
que no había tenido sentido se había ido llenando de él,
cargándose de un sentido nuevo y más profundo.

Todos se habían puesto en pie y se habían cogido de las
manos, su mano derecha tenía ahora cogida la mano izquierda de la muchacha, su mano izquierda estaba cogida
por la mano de un viejo que lloraba, las lágrimas le corrían
rostro abajo y él no las secaba, la mano derecha cogiendo la
del muchacho, la mano izquierda unida a la de una monja
blanca y las lágrimas le caían por las mejillas y él estaba
gimiendo, seguramente ahora le gustaba gemir, sentirse caer
las lágrimas, y todos cantaban ahora y la canción tenía esas
palabras, negros y blancos todos juntos, que se repetían,
blancos y negros todos juntos, balanceando los cuerpos, largas
hileras cogidos de las manos, blancosynegrostodosjuntos, miles
de cuerpos en un mismo lento balanceo de derecha a izquierda,
de izquierda a derecha, manos blancas con manos negras, en
Atlanta, en pleno campo, a pleno sol, juntas, cantado todos
y el calor de la mano de la muchacha era como si todas las
cosas fueran ya distintas, el árbol mismo, la tierra, el radiante
cielo azul, todo distinto, y el viejo era tan feliz y tan desgra-
ciado, llorando y mirando con fijeza, su cabeza de izquierda
a derecha, de derecha a izquierda, mirando a donde se sabía
que estaba el ataúd con el cuerpo dentro, el cuerpo sin balan-
cearse, las manos solas cruzadas sobre el pecho inmóvil, no
estrechadas por otras manos blancas o negras, y el muchacho
se daba cuenta de que sí estaba cogiendo aquel, el inmóvil,
el silencioso, el muerto que estaba viviéndose en cada uno,
estaba cogiendo también de una manera que uno no podía
explicar de tan clara como era, cogiendo todas las manos a
la vez y por él estaban allá los de la tribuna, juntos y todos
por el campo cogidos de las manos, cantando, y porque aquel
estaba allí como estaba las cosas eran distintas, y una vez

3 residuo.

que lo habían sido ya nadie podría hacerlas volver a su ser antiguo, claro que había gentes esperando hacerlas volver y que todo fuera lo de antes y parecía que lo habían conseguido, pero ya sería mentira, una corteza[4] de mentira con una verdad muy grande estallándole adentro, ahora se sabía ya que lo imposible era posible, y la muchacha lo miró sonriéndole cuando al acabar la canción se soltaron las manos, y ahora se veía el ataúd, aupado[5] sobre un carro cuyas mulas se movían inquietas entre la muchedumbre.

La muchacha blanca le dio la mano para despedirse, le decía su nombre, se iba y él no había acertado a decirle el suyo, una cabellera rubia que se iba perdiendo entre la muchedumbre, un calor que le duraba en la mano y allá se veían las cabezas de las mulas, el ataúd, las coronas de flores, el hombre grande se iba para siempre quedándose para siempre.

Se inclinó para coger el papel de plata, el papel multicolor que la muchacha había tenido en sus manos, los dedos blancos habían tocado aquello, y fue andando despacio, con la mirada fija en el camino, allá lejos, donde ya solo se veían las espaldas de los que caminaban detrás, muy detrás del ataúd, y él estaba ahora llorando como el viejo, como él sin secarse las lágrimas, como él con una terrible tristeza dulce, con un tremendo peso que aliviaba el corazón.

Una mano blanca se había apretado sobre un gatillo;[6] otra mano blanca había estado cogida de la suya, yendo y viniendo en el balanceo de la canción blancosynegrostodosjuntos, y Atlanta estaba ahí y estaban ahí los que ahora intentarían que todo fuera como antes, que cada cosa volviera a ser como antes era y creerían que lo habían conseguido, pero ya no sería más que una mentira que les metería su gran verdad estallándole dentro de ellos y se quedarían asombrados en el límite de su vergüenza y de su culpa, y ahí delante de sus ojos el camino por donde ya hacía rato

4 superficie dura (figurado).
5 siendo subido.
6 Pieza que en las armas de fuego hace que éstas se disparen.

que habían pasado las mulas arrastrando el carro que llevaba
el ataúd, el dolor de las gentes que iban detrás, las coronas
de flores, ese camino que no llevaba más que a un sitio, pero
otros caminos se habían abierto, se abrían, se seguirían
abriendo, y todos llevarían a la verdad y nadie iba a cerrarlos ya, nadie conseguiría cerrarlos aunque al principio pare-
ciese que sí, que todo volvía a ser la misma terrible mentira
de antes, mentira inútil cuando ya se sabía que la verdad era
otra, entera y segura ahí, sabiendo que los caminos no estaban
cerrados, que solo era que parecía que estaban cerrados, el
muchacho seguía camino adelante, en la mano el papel de
plata, el papel de colorines, el hueco de un dulce calor...

3

Entre el ser y el no ser

Las viejas

La señora Knowles se detuvo junto al rosal que daba las más bellas rosas del jardín. Miraba las ligeras nubes que matizaban[1] un cielo azul; sin volver la cabeza, atisbó[2] las ventanas de la casa. Alargó las manos con nerviosa rapidez, cortó una rosa y se la metió en el seno.[3] Las menudas espinas del breve tallo le produjeron un punzante cosquilleo. Después, la piel pecotosa y arrugada se sosegó con el contacto suavísimo de los pétalos.

Reanudó su paseo. Sonreía y sus pies se asentaban con mayor firmeza sobre la crujiente arena.

Al fondo, en un banco, la señora Venciguerra y la señora Quarteruccini estaban rezando. Pasaba las cuentas la Quarteruccini, dejando que colgase de su mano el rosario, con su coquetona cruz de oro y brillantes.

(—Lo bendijo el Santo Padre, era la primavera del cuarenta y siete, primavera en Roma, *mamma* mía, algo que solo nosotras sabemos bien lo que es. Siempre que la Quarteruccini o la Venciguerra decían «nosotras», quedaba bien establecida la diferencia entre las dos y las otras —angloamericanas, germanoamericanas, escandinavoamericanas, etc., gente tirando a[4] rubio y a pecas, a reuma disciplinado por la ducha diaria— acogidas en la elegante casa de reposo. Solo ellas dos recibían frecuentes visitas de hijos, nietos, bisnietos,[5] que

---

1 coloreaban (daban color).
2 miró con cuidado (por si alguien la estaba viendo).
3 pecho.
4 *tirando a:* con algo de.
5 Nietos del hijo de uno.

gritaban y reían a carcajadas, besucones,[6] convertido el *hall*
en andén de estación, y que seguían gritando desde la calle,
sentados ya en sus autos. Las inseparables amigas eran también las únicas que pasaban fuera la semana de Navidad.)

La señora Knowles irguió la cabeza; miraba hacia las
copas de los árboles, más arriba aún, hacia las nubecillas que
se iban apelotonando[7] en el cielo del atardecer. El bisbiseo[8]
de la oración apenas rozó sus oídos, uno más entre los míni-
mos ruidos impersonales. Para la señora Knowles no podía
haber nadie en el jardín; solo ella, dando su acostumbrado
paseo, entre cena y cama.

Siguió caminando cada vez más lentamente, sin mirar
nada, sin oir nada. Los cinco peldaños parecían haberse
multiplicado, escalera para subir dificultosamente a no se
sabía dónde. Apenas cruzó la puerta, se dejó caer sobre el
primer butacón. Al sentarse, las menudas espinas volvieron
a pincharle, justamente entre los senos y se irguió, envarán-
dose[9] hasta sentir dolor en la espalda. Ya había trasgredido
la ley, ya había realizado el acto de protesta que íntimamente
le afirmaba su separación, su estar al margen del orden
colectivo.

Sus rebeldías no habían sido nunca más que un inicial
malestar físico y un vacío sosiego subsiguiente. Cincuenta
años antes, con el primer cigarrillo; cuarenta y siete años
antes, con la desfloración. ¿No habían sido más o menos así
todas sus experiencias? El matrimonio, el divorcio, el segundo
matrimonio, la viudez, todo había sido lo mismo, con sus
secretos actos de rebeldía, todos más o menos como la viola-
ción de la insignificante regla que prohibía arrancar las rosas
del jardín. Una larga vida podía reducirse a simples reac-
ciones epidérmicas o viscerales. Llegar así hasta las siete de
la tarde de este día, en este *hall*.

Tenía que haber algo más. La señora Knowles se daba

6 Que besaban mucho.
7 agrupando.
8 Hablar sin voz, dejando oir sólo las *eses*.
9 poniendo el cuerpo rígido.

ahora cuenta de que su vida había sido estar a la espera de algo, en busca de algo. Había estado siempre esperando y buscando, haciendo de la vida entera el preparativo de no sabía qué.

La señora Marshall subía lentamente las escaleras; en el pórtico se detuvo, resoplando. Venía de la iglesia como todas las tardes. Ya con la mano en el pasador[10] echaría una última mirada al jardín, moviendo la cabeza de izquierda a derecha como quien mueve un tomavistas. Tampoco la señora Marshall recibía visitas, pero sus ojos suavemente entornados y su constante sonrisa hacían patente que había sido una mujer feliz, que todavía calentaba su vejez al rescoldo de los pasados días dichosos. *Está horas enteras rumiando[11] sus recuerdos, como un camello su último pasto.[12] Es indecente.*

Le resultaba odiosa con su aire de satisfacción, con sus pesadas piernas, con su gordezuela mano agarrada ahora al barandado, llevándose a la soledad de su cuarto el secreto de su sonrisa, el encanto de esas lejanas escenas presentes siempre ante sus ojos semicerrados. *Quizá no sea más que una solterona, una virgen que ha pasado la vida en el candor de su insensibilidad, segura en su no saber, no querer, no esperar. Nunca habrá hecho nada que no fuese honesto, delicado, puro, exquisito.*

La señora Knowles se levantó, subió ágilmente las escaleras, entró en el cuarto de la señora Marshall. Apenas le vio abrir del todo los ojos, apenas llegó a verle borrada la sonrisa. Un leve grito, una delicada queja que no traspasó las paredes del cuarto, que ni siquiera pudo colarse[13] por debajo de la puerta para rodar escaleras abajo hasta el *hall*.

La señora Knowles estaba otra vez sentada en el blando butacón. Pensaba que la señora Marshall, sin saberlo, llevaba mucho tiempo esperando algo y ya le había llegado. Las manos de la señora Knowles descansaban elegantemente en los brazos del butacón. Después, alzó la derecha, la metió

10 Pieza de metal que mantiene cerrada la puerta.
11 reflexionando sobre.
12 alimento.
13 irse.

en el escote y apretó la rosa y el tallo, sonriendo al sentirse arañados los dedos.

Por la ventana vio acercarse a la señora Quarteruccini y a la Venciguerra. Pronto cruzarían la puerta, atravesarían el *hall*, subirían la escalera, envueltas en su inacabable charla. *Son las siete de la tarde.* Otro día que se había ido por encima de las copas de los árboles...

Labor de punto

... Doña Esperanza Martínez de Achupande dejó las agujas sobre su halda.[1] Miró a su marido en el preciso momento en que cabeceaba y se despertaba sobresaltado. La cabeza de un pelele[2] cayendo y rebotando en el sueño blando y estúpido. Ya dormía otra vez, con la boca abierta, pero en cualquier instante un nuevo cabeceo le haría erguirse en un esfuerzo inútil y pasajero. Ni se dormiría del todo, ni se despertaría. Y así todavía una hora más, hasta las once; antes de que acabasen de sonar las campanadas en el reloj del Ayuntamiento los dos se levantarían, irían al dormitorio. Un beso distraído que igual podía caer sobre la mejilla que sobre la punta de la nariz: «Buenas noches, Esperanza».

Otra vez se movían hábiles los dedos y el ovillo de lana giraba en el halda como un gatito perezoso. Ahora tenía que prestar más atención, no era solo el movimiento rutinario[3] de los dedos, porque había comenzado a menguar.[4] Un par de noches más y estaría acabada la chaquetita del nieto. *Está bien hermoso y grandote el angelito de Dios*. La nuera no dejaba pasar ocasión de decir que el niño era puro retrato del abuelo; debió de comenzar a decirlo cuando aún lo llevaba en el vientre, lista, adulona,[5] la única que había sabido ver lo que se ocultaba bajo los gestos suaves, bajo las amables palabras que el señor Achupande dirigía a su esposa. *Ella es*

1 falda.
2 muñeco de trapo.
3 hecho sin pensar, por costumbre.
4 disminuir.
5 Que dice cosas agradables insinceramente.

mi enemiga, mi cariñosa y solícita enemiga, y ha sabido buscar muy
bien sus secretas alianzas, hipócrita, basta haber visto una sola vez
una fotografía de mi padre, que santa gloria haya, tan guapo, tan
tieso y señor, para darse cuenta de que el niño es su bisabuelo[6] *revivido*
¡hace falta lo que yo me sé para decir que se parece a ese!

Ahora tenía la boca abierta y debía de estar a punto de
llegar un nuevo cabeceo. Doña Esperanza hizo un gran esfuerzo para borrar todo el despectivo odio que sentía hacia
él. Era una especie de juego al que se dedicaba con toda su
consciencia en tensión, casi apelotonando su sensibilidad como
un felino que se dispone a saltar sobre su víctima. Cuando
creyó haberse descargado de todo sentimiento, estuvo atenta,
con ansiedad que llegaba a ser angustiosa, para no perderse
ni uno solo de los grotescos movimientos. Había anulado el
desprecio anterior, como quien pasa un trapo mojado sobre
una pizarra, aunque eso era como quedarse vacía, un bolsillo
vuelto del revés, migajas, briznas y restos de no se sabe ya
qué. Solo el expectante acecho.

Le bastó ver el brusco saltito de la cabeza, el abrirse los
ojos en una mirada inexpresiva y el instintivo envaramiento
que quiere aparentar dignidad, para que el bolsillo volviera
a su posición normal y el vacío se llenase de la misma sus-
tancia viscosa.[7] Instalada en su odio, volvió a sentirse tranquila y segura.

Sesenta años. Y treinta y cinco de ellos, más de la mitad
de la vida, con este hombre, con ese extraño de la boca abierta
que había dormido miles de noches junto a ella, que había
entrado en ella llenándola de dolor y de asco. Que la había
sometido a la humillación de ser él, precisamente él, el padre
de su hijo, el padre de la criatura únicamente amada, padre
y bienestar del hijo, de modo que una mitad de su ser estaba
lanzada hacia el desprecio y el odio, mientras la otra mitad
había estado pendiente de la salud del marido, de su comodi-
dad, de su éxito en los negocios. Y siempre guardando la
apariencia de una firme felicidad doméstica, los parientes,

6 El abuelo del padre de uno.
7 blanda, pegajosa.

los amigos, el matrimonio Achupande tan respetado y querido en la ciudad.

Una sola vez lo había engañado, hacía ya muchos años, y sentía terribles remordimientos por haberlo hecho secretamente. Se avergonzaba de sí misma, reprochándose el haber caído en una aventura trivial e ignorada. Cierto está que habían mediado el amor al hijo, el gusto de la vida cómoda, el bien parecer, etc., impidiéndole darse el gusto de tirarle a la cara al marido aquel vulgar adulterio.

Podría despertarlo ahora y decírselo, contarle todo suavemente, como si estuvieran hablando de las menudas cosas cotidianas que constituían su única conversación. *Sí, podría decírselo hasta sonriendo, un poquito pálida quizá, eso sí, y mordiendo[8] las palabras. Ya lo creo que podría decírselo, pero ahora no serviría de nada, porque él es más fuerte que yo. Quizá me replicase, también con dulzura, sonriendo también, que eso ya lo sabía él desde entonces, o algo así como no me extraña, querida, a él y a ti os cuadraba[9] muy bien semejante cosa, tal para cual. O peor aún, quedarse callado, con una sonrisa de superioridad, sonreír como quien se sube a una montaña y una sabe que desde allí arriba ha de parecer pequeña, muy pequeña y muy poquita cosa.*

Se crispó con tal fuerza, que agitó los brazos y los puntos se le soltaron de las agujas; hubo de rehacerlos con paciencia, conteniendo su creciente furor en la misma apariencia de impasibilidad que habitualmente encubría su desprecio.

El hombre dormía ahora con toda placidez, apoyada la cabeza en el respaldo del sillón. El reloj del Ayuntamiento dio los tres cuartos para las once...

---

8 pronunciando muy claramente.
9 iba, convenía.

Últimas luces

... EL TIEMPO se había detenido, permanecía agarrado a la tensión de aquel momento que no podía ser reducido a pasado, a materia de recuerdo.

Cuando a una hora inusitada[1] habían oído el ruido del cerrojo —¿era en sí mismo, siempre, tan ruidoso o la mano que lo descorría estaba complaciéndose en intensificar los roces metálicos?—, se había hecho un silencio profundo. Estaban casi todos tumbados aún, prolongando la siesta en un esfuerzo por robarle horas al día.

No podía ser la entrada de nuevos presos, porque nunca los traían antes de que hubiera anochecido. Lo que fuese, y pronto habría de verse, era imposible sostener más tiempo la tensión, bueno o malo, pero ¿cómo podría existir ya algo que no fuera malo?, lo que fuese era extraordinario y por eso se habían mirado unos a otros como si en la cara de alguien pudiera estar la respuesta. Nadie podría precisar si aquella expectación había durado segundos, minutos, horas, quizás la vida entera había sido ese esperar fuera de tiempo y de esperanza. Todos se daban cuenta de que hacía ya muchos días que estaban viviendo un tiempo irreducible a ritmos de reloj.

En lo alto de la escalera, el sargento había estado mirándolos, antes de leer el papel que llevaba en la mano derecha, mientras la izquierda se apoyaba en la barandilla de hierro. Después, gozándose en su lentitud, haciendo largas pausas entre nombre y nombre, había leído la lista. Doce nombres;

1 rara, fuera de lo corriente.

el primero, el del diputado;[2] el último, el del director del semanario gubernamental. Autoridades locales y provinciales, el administrador de Correos, los directores del Instituto de Enseñanza Media y de la Escuela Normal... Tras el último nombre, una pausa más larga. Después, riéndose, había dicho:

—Hala, vestirse para ir de viaje.

Cada uno se había incorporado al oir su nombre. Se habían puesto las chaquetas, sin hablar, sin mirar a nadie, súbitamente pálidos. Y se habían ido acercando al pie de la escalera, sin subir hasta que todos estuvieron juntos. Subió primero el diputado, que una vez arriba, en el largo y estrecho rellano[3] que se asomaba sobre la gran sala como un balcón, bien pudiera ser que desde ahí vigilasen a los seminaristas mientras estudiaban, uno piensa esas cosas, pero simplemente de algún modo había que salvar el desnivel entre la parte de delante y la de atrás del viejo seminario, las cosas son siempre más sencillas de lo que uno las hace y no era menos sencillo que el seminario fuese ahora cárcel, los seminaristas andarían por allá fuera quizás pegando[4] tiros y los otros estaban ahí abajo, mirando a los doce compañeros que había nombrado el sargento, el primero el diputado, que desde arriba miró a todos y a ninguno. El último iba Joaquín Muñoz, el alcalde. Al lado del sargento, cuando ya casi llegaba a la puerta por la que ya los otros habían desaparecido, se detuvo, levantó los brazos y gritó:

—Adiós, amigos. ¡Viva la República!

Cosa rara, el sargento no había golpeado entonces a Joaquín, se había limitado a empujarlo suavemente hacia la puerta, riéndose. Y el cerrojo había vuelto a sonar, de un solo golpe esta vez.

El grito de Joaquín ha quedado ahí, sonando, resonando en el silencio. Nadie consigue cerrar el oído a esas palabras que han ido cambiando y enriqueciendo su significado. Adiós se le dice a cualquier desconocido que nos saluda en la calle,

2 Representante de sus electores en el Congreso, etc.
3 Parte llana de una escalera.
4 disparando.

al amigo a quien se está seguro de volver a ver. Pero el adiós de Joaquín ha sido total, irreversible. Amigos valía por hermanos. Y el viva era la última e inútil, pero hermosa, rebeldía contra la realidad de que la República había muerto.

Ninguno se movía, nadie hablaba. Cuando al fin comenzó a oscurecer, nadie se levantó a encender las luces.

Después, volvió a descorrerse el cerrojo, un ruido metido dentro de la rutina del tiempo y de la vida. El oficial de prisiones entró seguido de los dos presos comunes[5] que llevaban la enorme marmita de la cena. Se formó la fila; cada hombre alargaba su mano con el plato vacío. Alguien había encendido las luces eléctricas que rechazaban definitivamente al otro lado de las rejas a las últimas leves luces del día...

---

5 Que están encarcelados por delitos corrientes, no políticos.

Los asesinos iban al Tedeum

No DEBIERA haber dejado que mi hija volviese al pueblo después de tantos años, pero la vanidad de Luisa, su orgullo de madre

—...ya ves, está guapísima, una mujer ya, lucirá mucho, las fiestas son muy divertidas y se lo pasará muy bien, sus notas fíjate tú lo buenas que han sido, será un premio por lo bien que lleva los estudios...

todo eso y mi estupidez de pensar que no iba a pasar nada, que nadie tiene en cuenta ya aquello y que después de todo yo no hice ni más ni menos que otros que viven en el pueblo y se sientan en las terrazas de los bares y juegan a la baraja en el casino, van y vienen sin que a nadie se le ocurra recordar y el que recuerda, si es que hay alguno, que claro que alguno tiene que haber, se traga las memorias,[1] que al fin y al cabo somos nosotros los que ganamos la guerra y no se piden cuentas más que a los que pierden, esa es la verdad y bien alta que la vienen diciendo desde entonces, pero resulta que hay más de una verdad y con ellas pasa como con los peces que el más grande se come al chico y ahora está ahí frente a mí esa otra verdad que yo no quería admitir, que ni siquiera podía sospechar que había estado ahí, esperando su turno para venir a amargarme la vida ahora que han pasado tantos años y uno ha visto tantas cosas que ni yo mismo puedo creer en todo lo que sería necesario creer para aplastar a esa verdad y que volviera a valer la verdad de antes.

El caso es que mi Luisita se volvió del pueblo en plenas fiestas y bien me di cuenta de que cuando la besé ella retiró

1 *se ... memorias:* hace por olvidarse.

la mejilla y se me quedó el beso en el aire, un padre que besa
a su hija que es la única que tiene y ella se avergüenza y no
levanta los ojos del suelo y le falla la voz como tartamudeando
ella que tenía la palabra más limpia del mundo, todo tan
claro que no hizo falta que Luisa la sonsacase,[2] lo com-
prendí yo antes de golpe, ella nació más tarde, ya había
acabado la guerra, luego siempre lejos del pueblo, criándose
en casa, mimada,[3] feliz y, las cosas como son, queriéndome
como pocas hijas quieren tanto a sus padres y yo a ella lo
mismo, felices y mucho los tres, para que de pronto por la
puñeta de una vanidad estúpida todo se haya ido abajo, mira
tú qué lucimiento, Luisa, y qué premio le hemos dado a la
chica, que ella ahora ya sabe que su padre hizo todo aquello
y ella no entiende, no puede entender y se me va de mi cariño,
hasta puede que tenga miedo de mí, no, miedo no, asco de
su padre que eso era su mejilla retirada con el beso de padre
al aire y los ojos bajos y las señales de que llora en su cuarto
y el no querer salir con sus amigas, todo eso son voces que
me retumban[4] dentro de la cabeza, asesino, A-SE-SI-NO
A S E S I N O y yo no puedo ir ahora a su cuarto y decirle
mira hija yo creía, yo pensaba, la patria, nos aplaudían y
nos bendecían, la patria, hija mía, todas esas cosas que entonces tenían tanta fuerza, globos que ahora están irremisi-
blemente pinchados, su amor de hija para ella también como
el bonito globo azul reventado en las manos del niño que
no comprende, que sólo ve que esa piltrafa de goma era su
globo y ya no podrá ser nunca más que un trozo de goma
blando, sucio, frío de saliva y de lágrimas, nada podrá volver
a ser como era, pasó la hoja de los desfiles y las canciones,
un mundo que se levantaba tan seguro, tan excluyente[5] de
todo lo demás y lo demás estaba ahí agazapado esperando,
no estaba en las páginas anteriores que creíamos cerradas
para siempre sino en las siguientes, años y años agazapán-

2 *la sonsacase:* le sacase la verdad disimuladamente.
3 muy bien tratada.
4 resuenan.
5 separada.

dose para saltarle a uno al cuello en el momento peor, cuando
menos se lo esperaba uno y le pilla[6] desprevenido del todo,
yo mismo me había olvidado de todo aquello, pensaba que lo
había olvidado todo, me creía muy seguro en una justifica-
ción que no era más que un corcho, un tapón que había
de saltar un día y eso ha llegado y yo mismo estoy recordando
cada rostro, cada voz, cada detalle y todo es como era pero
visto sin excusa, los hechos sin la hojarasca[7] gloriosa que los
envolvía y los cambiaba, mis amigos y yo los héroes, cama-
radas, qué palmaditas en el hombro, qué sonrisas nos daban
aquéllos, los importantes, los puros de palabra, con palmaditas y sonrisas nos empujaban a seguir, el buen labrador
limpiando su campo de cizaña,[8] el buen cirujano cortando
miembros gangrenados. Y había un regusto espeso en la boca,
algo que uno aparentaba no sentir pero que allí estaba y el
dedo se agarraba con fuerza al gatillo y aun seguía allí, como
agarrotado,[9] cuando ya el de turno había caído
     —... ¿os acordáis el viejo de anoche que saltó como un conejo
cuando le disparé por detrás?...
y uno —todos los que íbamos— se reía y el regusto se hacía
más espeso y después que se le iba a uno de la saliva casi
se le echaba de menos, no se te puede decir ahora todo eso,
hija mía, pero tendrías que vernos sentados en el primer
banco, el altar con todas las luces encendidas, uno estiraba
el cuello, se arreglaba el correaje, ciudad liberada Tedeum
organizado, la camisa nueva en copla y la primavera que
volvería a reir, se abombaba[10] el pecho, se sentía como una
cosa grande, la risa de la primavera, la risa eso sí qué de los
mangoneadores que habían tenido el culo bien prieto y ya
respiraban, palmaditas en el hombro, cruzados de Dios y de
la patria, uno muy tieso[11] en el primer banco y el olor a
incienso y las luces que eran como soles que están en lo alto

6 coge.
7 palabrería (figurado).
8 mala hierba.
9 rígido.
10 hinchaba.
11 *muy tieso:* sentado con el cuerpo muy derecho.

y el gusto espeso le volvía a uno entre latines de bendiciones.

Luisa ha entrado varias veces, da vueltas a mi alrededor y no dice nada, no tiene nada que decir y tiene mucho que callar, mira la botella y me mira, se va otra vez y la hija estará en su cama sin dormir, toda la noche sin dormir la hija mía, sin poder quedarse dormida y esta es la hora en que hacíamos las sacas,[12] esta noche hay servicio decía el jefe y ya uno se ponía impaciente, se le metía dentro algo como esta niebla que me está metiendo ahora el coñac, la cabeza de mi hija un dolor que le retumba y tiene dentro palabras asesino padre que no pueden ponerse de acuerdo y chocan detrás de su frente y se muerden y asesino sale y entra por sus oídos, es lo que grita la almohada, el grito del silencio, de la casa entera, del mundo entero y esa palabra se come a la otra y se queda ella sola, ahí, sola, entera y verdadera para siempre

asesino A-SE-SI-NO A S E S I N O

Nos reuníamos en el café, la gente se daba cuenta, cobardes, ratas cómplices que nos sonreían, la mesa de los héroes, la mesa de los cruzados, la mesa de los que arrancaban para siempre las malas hierbas, la mesa de los ángeles del escarmiento,[13] y cuando nos levantábamos para salir había un silencio tan espeso como el regusto que nos llenaba a nosotros la boca, y pisar fuerte por la calle cara[14] a la cárcel donde esperaban unos sabiéndolo seguro, cara a las casas donde otros estaban temblando de terror y de incertidumbre, manos calientes que se juntan bajo las cuerdas como cuando los matarifes[15] traban las cuatro patas de los corderos que van a degollar, las manos atadas, esos muertos que están otra vez en pie con el tiro en la nuca y sin caerse de mi memoria, nucas abiertas de donde salen las avispas y el asco.

---

12 Durante la guerra civil se llamaba *saca* al hecho de ir a buscar a los rivales
   políticos, sacarlos de su casa y fusilarlos sin más (o sea: darles *el paseo*).
13 castigo.
14 *cara:* en dirección.
15 Personas que en los mataderos sacrifican a los animales para el consumo.

Ya ves, hija, yo era un hombre normal, un buen chico decían todos, y durante meses estuve haciendo aquello, creía que era justo y que nunca a nadie se le podría ocurrir decirme

—¡Eres un asesino!

Entonces la gente me daba palmadas en los hombros, igual unos y otros, todos cómplices en la crueldad y en el crimen, yo entraba en sus casas ponía mis manos tiernamente en las cabezas de sus hijos y ellos no me gritaban *¡quita esas manos de asesino, no acaricies con ellas a mi hijo...!*, porque todos estaban en lo mismo, el mundo era eso. Pero ahora ellos pueden olvidar como si sólo el apretar el gatillo fuera la culpa, y dormir tranquilos, ir con sus hijos a misa, mientras yo voy a estar ya siempre al otro lado del cariño de la mía, marcado por la vergüenza que ella siente, destruido por sus ojos enrojecidos de tanto no dormir y de tanto llorar a solas, mi propia hija mirándome con todo el espanto del mundo en la mirada y yo no puedo explicarle que no sé cómo pudo ser, una borrachera, yo estaba en medio del monte y se levantó la veda[16] del hombre y los cazadores santificados por aplausos y bendiciones, no sirve de nada ni se puede siquiera decir *ahora ya lo sé y no volvería a pasar nunca*, no se puede decir porque los huesos de los muertos tienen para siempre su tierra encima y esta es otra verdad que no es del todo verdadera porque esos muertos están ahí, aquí, en todas partes, mi hija misma me los ha vuelto a poner delante, mi hija misma me ha vuelto a poner delante de todos aquellos, los resucita contra mí y yo no puedo decir *eso lo hice yo, era mi deber, tenía que hacerlo*, porque ni a mí me suenan ya esas palabras, yo me podía hacer como que me creía eso mientras no hubiera nadie, que hasta ahora bien verdad es que no lo hubo, que se asustara de mí y me dijera

—...*pero tú cómo pudiste hacerlo, tú estabas bien en tu vida, quién podía pensar que llevabas eso sobre tus manos...*

y mirármelas, mirarme las manos como si los ojos tuviesen un filo capaz de cercenarlas de un tajo,[17] mis manos separa-

16 En tiempo de *veda* está prohibido cazar, pescar, etc.
17 corte.

das de mi cuerpo, entonces bien unidas que estaban, yo no puedo decir que se me fueron las manos, todo tan ventilado ya y resulta que hay una justicia que se cumple siempre, aunque uno pudiera estar pasando por inocente, eso es por fuera sólo, pero por dentro hay muchas maneras de condenarse, ahora lo sé, hay una fuerza que lo empuja a uno y ahora lo entiendo, lo veo, aquél se suicidó y el otro muerto en su cama que ningún médico le entendía el mal y se le llenaba el delirio de nombres que los demás ya sabían de quienes habían sido y ya no eran pero allí estaban para hacerle gritar por las noches hasta morirse, y el otro que se encontró con que su mujer se le fue de casa llevándose al hijo y ni siquiera se le ocurrió ir a buscarlos o a ver el porqué le pasaba eso, ahora comprendo que no era cosa de que ella le pusiera los cuernos,[18] que lo que pasaba era que ella había estado muchas noches llorando en la oscuridad, llorando de asco y de miedo mientras él la abrazaba.

Era a esta misma altura de la noche, ir por las casas, la llamada en la puerta resonaría hasta el último rincón, aún habrá mujeres que se despertarán ahora, al cabo de tantos años creyendo que acaban de oir esa misma llamada, con el espanto vivo siempre en aquella noche en que la llamada sonó de verdad y yo era de los que estaban esperando a que abriesen la puerta, sabiendo lo que iba a pasar y que les era inútil gritar, llorar con todas las entrañas llenas como de aceite hirviendo, uno sabía lo que les estaba ya pasando y que les era inútil gritar porque los gritos formaban parte de la cosa, se acostumbraba uno a que todo fuera un ruido habitual como cuando se trabaja cerca de una máquina que hace mucho ruido y es como que no se oyera y lo que sí se oye es si la máquina deja de andar, las noches, muchas noches, primero con el calor y después en la otoñada y luego con el frío, era ya una rutina, usted va siempre a su oficina y está haciendo siempre las mismas cosas.

Así era entonces, hija, pero ahora ya no es lo mismo, ahora

18 *le pusiera los cuernos:* le engañara con otro hombre.

se sabe que el espanto también se le mete a uno, a lo mejor estaba dentro desde el comienzo, muy escondido y muy pequeño, pero un día empieza a crecer de golpe, alguien le hace abrir también su puerta y uno sabe que lo tenía allí adentro y que ya no cabe en donde estaba y todo ha cambiado de golpe y se vuelven los ojos atrás para ver ahora lo que no se vio entonces, una justicia que lo ha seguido a uno como su propia sombra y sin saberlo...

Ahora, esta noche, tantos años, tanto saber pensar en otras cosas y resulta que los tengo aquí mismo igual que entonces, igual no porque ahora soy yo el que tengo las manos atadas, aquella mujer que me pedía piedad a mí, en voz baja a mí porque veía que yo era el más joven de todos, *éste quizás tenga el corazón blando, la juventud es otra cosa*, y yo le dije que sí, que no se preocupara, que la salvaría, y en cuanto los bajamos del camión, confiada ella, mirando a los otros pero no a mí que era como su amigo, le disparé en la nuca a bocajarro[19] y ella también saltó como un conejo entre las matas, a todos los pilló de improviso, hasta los que venían conmigo se asustaron y tuvieron que echarse a reir para disimular el sobresalto, los otros quietos porque hay un miedo que ni echarse a correr, estarse quietos esperando, esperando ya sólo eso. Y aquél que había jugado conmigo de niños y fuimos juntos a la escuela y él era el primero de la clase y yo el segundo, pero él no pudo estudiar y se quedó abajo en las escuelas mientras nosotros subíamos a donde el bachillerato, ese también una noche con las manos atadas y yo le dije: *¡Venga, tú, el primero!* y fue como volver a los nueve o diez años, el primero de la clase, el primero en bajar del camión, y me eché a reir y él me escupió en la cara, sangre escupió luego y ahora mismo lo estoy viendo con sangre y sin sangre, ese y todos los demás. Ahora tendría que ir al cuarto de mi hija a decirle todo lo que es como si se lo estuviera ya diciendo, a decirle que aquella pobre mujer confiaba en mí, a contarle que había jugado de niño con el otro, a decirle que estábamos

19 *a bocajarro:* desde muy cerca.

delante de las puertas y el llanto no era más que un ruido
de la costumbre, todo tan natural, con la veda del hombre
levantada por los que mandaban y que lo habían puesto a
uno y uno se había dejado poner hasta con gusto en medio
del monte. Y cosas peores que esas, hija, que aun siendo
que no estoy hablando contigo, que sólo es que hago como
que estoy pensando en hablar contigo, no me atrevo a pen-
sarlas y si las estoy pensando ahora, a bulto, es sabiendo al
mismo tiempo que ni aun puedo pensar que te las digo, tú
puedes imaginarte como serían esas cosas, las peores entre
tantas malas que ahí van por delante.

Hace sólo unas horas que Luisita ha vuelto del pueblo y
no ha podido ser todo tan largo en tan poco tiempo, pero lo
ha sido y es que estaba dentro de mí todo lo que había de
venir, estaba ya esperando también delante de aquellas puertas cuando yo o alguno de los que iban conmigo había llamado
y oíamos los ruidos del espanto, entre llamada y llamada
hasta que abrían sabiendo que no podían hacer otra cosa
que abrir, entonces ninguno nos dábamos cuenta, pero ya
estaba metiéndose en nosotros, lo comprendo ahora y por
eso ya sé lo único que me queda que hacer, que es sólo una
cosa, lo haré bien a sabiendas y no como aquél que venía
siempre con nosotros aquellas noches y cuando todo había
acabado ya, varios años por en medio, una tarde después
de una gran tormenta que todos íbamos a ver cuánto había
crecido el río, que bajaba en banda,[20] toda la gente iba a
verlo y nosotros también, juntos el otro y yo, paseando hacia
el puente, y los saludos y esas cosas, puede que alguno por
sus adentros ya dijera ahí van esos, los asesinos, pero muy
por dentro tenía que ser que por fuera todo eran sonrisas y
buenas palabras, digo que íbamos a ver el río y mi amigo
se tiró desde el puente sin que nadie pudiera intentar aga-
rrarlo. Decían que si un mareo, que si era una vergüenza
que la barandilla del puente estuviera tan baja, otros que si
había sido un repente de locura, yo mismo me creí que eso

20 *en banda:* muy crecido y revuelto.

habría pasado y ahora, como si lo estuviera viendo y entonces no me di cuenta, me acuerdo de que poco antes nos habíamos cruzado con el hijo de uno de los que él había matado, un pobre hombre que lloraba y juraba que él no hubiera hecho nunca con nosotros una cosa así y, ya digo que ahora como si lo estuviera viendo, el hijo nos miró, al otro más que a mí, con una mirada limpia y dura, un hijo que se estaba haciendo hombre y a lo mejor sabía ya que una mirada así era bastante para empujar a un asesino a echarse al río desde el puente, al río desbordado que tiene un color más oscuro que la sangre y que lleva troncos de árboles y animales con la tripa hinchada.

Ya lo ves, hija, ya estás viendo que es verdad que en este momento querría poder subirme al sitio más alto para gritaros a todos y que todos pudieseis verme y oirme y deciros a todos

—... No matéis nunca, no matéis nunca a nadie. Ni de cerca viendo la cara del otro descompuesta por el terror, ni de lejos cuando parece que entre que tú aprietes el gatillo y el otro, el desconocido, caiga hay algo que no es ni tuyo ni de él, dos hechos separados, independientes, un hombre al que no conocías y un muerto al que no conocerás. No matéis nunca ni contra la ley ni con la ley, ni que lo mande quien lo mande, no matéis al que es vuestro enemigo en ideas, ni al que se ha metido en la cama de vuestra mujer, ni aun siquiera al que roba el pan de vuestros hijos y ellos se quejan de hambre. No matéis...

Yo diría eso, hija mía, y si me oían todos y tu sabías que me habían oído, yo mismo llegaría a perdonarme este dolor de vergüenza que te he echado encima y podría acercarme otra vez a ti sin que al poner mi mano sobre tus hombros sintieras en la piel ese respingo[21] con que se barrunta[22] al lobo. Pero ya es todo inútil y estoy viendo el camino largo por el que tú te estás yendo de mí, muy lejos ida ya de mí, mientras los otros, los que ahora tú ya sabes, están todos acompañando mis gestos, toda la habitación llena de manos

21 sobresalto.
22 presiente.

para que no se vengan abajo las paredes y mi intención, manos que no eran ya más que tierra y se han levantado y me empujan por la espalda, llantos y palabras que son un aire pequeñito como un soplo de tu respiración cuando dormías en la cuna y que crece, crece, crece, está creciendo y se ha puesto también detrás de mí a empujarme contra los hierros del balcón, me empujan contra el último espanto y es también que quieren ayudarme y por eso cada vez más fuerte me empujan las manos y gritos a la altura justa de mi corazón. Va a amanecer, hija mía, y era a esta misma hora más o menos, cuando llegábamos al descampado, cuando no sabíamos que un día u otro tenía que llegarnos a cada uno esa justicia que uno ha tenido pegada a su cuerpo, tan hecha a uno como la sombra misma, y que ahora se ha despegado ya para siempre del cuerpo y está ahí, enfrente y a la vez detrás de mí, adentro y afuera, ahora mismo en este momento en que el aire a mi espalda tiene ya toda la fuerza del mundo, toda la fuerza de los llantos y de los miedos que pareció que no les servían a ellos para nada, toda la fuerza contra mí, empujándome a lo que ellos saben, en esta soledad y este silencio, hija mía...

7488019